High-Impact Tools for Teams

Você está de posse de um poderoso kit de ferramentas para criar alinhamento, conquistar confiança e obter resultados depressa. Redescubra a satisfação do trabalho em equipe com estas…

ALTA BOOKS
GRUPO EDITORIAL
Rio de Janeiro, 2023

High-Impact Tools for Teams

Ferramentas de Alto Impacto para Suas Equipes

strategyzer.com/teams

Escrito por
Stefano Mastrogiacomo
Alex Osterwalder

Design gráfico de
Alan Smith
Trish Papadakos

Strategyzer Series

Da equipe que criou o
Business Model Generation
e mais quatro best-sellers internacionais vendidos em mais de 40 idiomas.

WILEY

High-Impact Tools for Teams: Ferramentas de Alto Impacto para suas Equipes

Copyright © 2023 da Starlin Alta Editora e Consultoria Eireli.
ISBN: 978-65-5520-946-4

Translated from original High-Impact Tools for Teams. Copyright © 2021 by Stefano Mastrogiacomo and Alexander Osterwalder. ISBN 9781119602385. This translation is published and sold by permission of John Wiley & Sons, Inc., the owner of all rights to publish and sell the same. PORTUGUESE language edition published by Starlin Alta Editora e Consultoria Eireli, Copyright © 2023 by Starlin Alta Editora e Consultoria Eireli.

Impresso no Brasil — 1a Edição, 2023 — Edição revisada conforme o Acordo Ortográfico da Língua Portuguesa de 2009.

Dados Internacionais de Catalogação na Publicação (CIP) de acordo com ISBD

M433h   Mastrogiacomo, Stefano
High-Impact Tools for Teams: Ferramentas de Alto Impacto para suas Equipes / Stefano Mastrogiacomo, Alex Osterwalder ; traduzido por Edite Siegert ; ilustrado por Alan Smith, Trish Papadakos. - Rio de Janeiro : Alta Books, 2022.
336 p. : il. ; 24cm x 17cm.

Tradução de: High Impact Tools
ISBN: 978-65-5520-946-4

1. Administração. 2. Ferramentas de Alto Impacto. 3. Equipe. I. Osterwalder, Alex. II. Siegert, Edite. III. Smith, Alan. IV. Papadakos, Trish. V. Título.

2022-2357   CDD 658
                   CDU 65

Elaborado por Vagner Rodolfo da Silva - CRB-8/9410

Índice para catálogo sistemático:
1) Administração 658
-) Administração 65

Todos os direitos estão reservados e protegidos por Lei. Nenhuma parte deste livro, sem autorização prévia por escrito da editora, poderá ser reproduzida ou transmitida. A violação dos Direitos Autorais é crime estabelecido na Lei nº 9.610/98 e com punição de acordo com o artigo 184 do Código Penal.

A editora não se responsabiliza pelo conteúdo da obra, formulada exclusivamente pelo(s) autor(es).

Marcas Registradas: Todos os termos mencionados e reconhecidos como Marca Registrada e/ou Comercial são de responsabilidade de seus proprietários. A editora informa não estar associada a nenhum produto e/ou fornecedor apresentado no livro.

Erratas e arquivos de apoio: No site da editora relatamos, com a devida correção, qualquer erro encontrado em nossos livros, bem como disponibilizamos arquivos de apoio se aplicáveis à obra em questão.

Acesse o site www.altabooks.com.br e procure pelo título do livro desejado para ter acesso às erratas, aos arquivos de apoio e/ou a outros conteúdos aplicáveis à obra.

Suporte Técnico: A obra é comercializada na forma em que está, sem direito a suporte técnico ou orientação pessoal/exclusiva ao leitor.

A editora não se responsabiliza pela manutenção, atualização e idioma dos sites referidos pelos autores nesta obra.

Produção Editorial
Editora Alta Books

Diretor Editorial
Anderson Vieira
anderson.vieira@altabooks.com.br

Editor
José Ruggeri
j.ruggeri@altabooks.com.br

Gerência Comercial
Claudio Lima
claudio@altabooks.com.br

Gerência Marketing
Andréa Guatiello
andrea@altabooks.com.br

Coordenação Comercial
Thiago Biaggi

Coordenação de Eventos
Viviane Paiva
comercial@altabooks.com.br

Coordenação ADM/Finc.
Solange Souza

Direitos Autorais
Raquel Porto
rights@altabooks.com.br

Produtor Editorial
Thiê Alves

Produtores Editoriais
Illysabelle Trajano
Maria de Lourdes Borges
Paulo Gomes
Thales Silva

Equipe Comercial
Adenir Gomes
Ana Carolina Marinho
Daiana Costa
Everson Rodrigo
Fillipe Amorim
Heber Garcia
Kaique Luiz
Luana dos Santos
Maira Conceição

Equipe Editorial
Andreza Moraes
Beatriz de Assis
Betânia Santos
Brenda Rodrigues
Caroline David
Gabriela Paiva
Henrique Waldez
Kelry Oliveira
Marcelli Ferreira
Mariana Portugal
Matheus Mello
Milena Soares

Marketing Editorial
Amanda Mucci
Guilherme Nunes
Jessica Nogueira
Livia Carvalho
Pedro Guimarães
Talissa Araújo
Thiago Brito

Atuaram na edição desta obra:

Tradução
Edite Siegert

Copidesque
Carolina Palha

Revisão Gramatical
Hellen Suzuki
Vivian Sbravatti

Diagramação
Lucia Quaresma

Rua Viúva Cláudio, 291 — Bairro Industrial do Jacaré
CEP: 20.970-031 — Rio de Janeiro (RJ)
Tels.: (21) 3278-8069 / 3278-8419
www.altabooks.com.br — altabooks@altabooks.com.br
Ouvidoria: ouvidoria@altabooks.com.br

ALTA BOOKS
GRUPO EDITORIAL

Editora afiliada à:

ASSOCIADO
Câmara Brasileira do Livro

"A administração
envolve seres humanos.
Sua tarefa é torná-los
capazes de agir em
conjunto."

Peter Drucker, pensador de administração

Sumário

Prefácio
p. viii

Sete Grandes Pensadores que Inspiraram Este Livro
p. x

Conheça a Série Strategyzer
p. xii

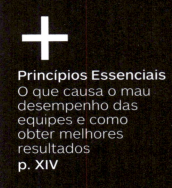

+

Princípios Essenciais
O que causa o mau desempenho das equipes e como obter melhores resultados
p. XIV

1

Descubra o Mapa de Alinhamento de Equipes
O que é e como funciona

1.1
Começando: Os Quatro Pilares do Mapa de Alinhamento de Equipes
p. 34

1.2
Planejando Quem Faz o quê com o Mapa de Alinhamento de Equipes (Modo de Planejamento)
p. 72

1.3
Mantendo os Membros da Equipe no Rumo Certo (Modo de Avaliação) p. 90

2

Ponha o Mapa em Ação
Como usar o Mapa de Alinhamento de Equipes

2.1
O Mapa de Alinhamento de Equipes para Reuniões
p. 114

2.2
O Mapa de Alinhamento de Equipes para Projetos
p. 132

2.3
O Mapa de Alinhamento de Equipes para Alinhamento Organizacional
p. 154

3

Confiança entre Membros da Equipe
Quatro ferramentas para criar um ambiente de alta confiança e maior segurança psicológica

3.1
O Contrato da Equipe
p. 184

3.2
O Localizador de Fatos
p. 204

3.3
O Cartão do Respeito
p. 220

3.4
O Guia de Pedidos Não Violentos
p. 236

4

Mergulhe Mais Fundo
Descubra a ciência que fundamenta as ferramentas e o livro

4.1
Compreensão Mútua e Consenso
p. 258

4.2
Confiança e Segurança Psicológica
p. 266

4.3
Tipos de Relacionamento
p. 274

4.4
Face e Polidez
p. 282

Prefácio

Amy Edmondson

Se você está liderando uma equipe — ou planeja fazê-lo em breve —, mantenha este livro à mão. A maioria dos líderes atuais reconhece que suas organizações dependem profundamente de equipes para acelerar inovações e digitalizações, tratar as mudanças nas demandas do consumidor e lidar com eventos disruptivos repentinos, como uma pandemia, agitação social e recessão.

Mas só reunir uma equipe não garante seu sucesso. Equipes falham regularmente. Lançadas com uma meta importante, as pessoas certas para atingi-las e até recursos suficientes, é comum que, mesmo assim, equipes tenham dificuldades para produzir de acordo com seu inegável potencial. Elas se confundem por falhas de coordenação, reuniões ineficazes, conflitos improdutivos e dinâmicas de grupos disfuncionais — levando a frustrações, atrasos e decisões erradas. Pesquisadores chamam esses fatores de "perdas de processo" — em um esforço de explicar a disparidade entre *inputs* (habilidades, metas e recursos) e resultados (desempenho da equipe ou satisfação dos membros). Mesmo quando as equipes parecem estar realizando o trabalho, seu desempenho pode ser mediano — convencional, em vez de inovador, ou com o custo de altos níveis de excesso de trabalho, estresse e desinteresse.

Não precisa ser assim.

Stefano Mastrogiacomo e Alex Osterwalder mostram-nos como equipes podem prosperar usando práticas simples que funcionam. Eles oferecem um livro de exemplos que qualquer equipe pode usar de imediato para entrar no caminho da participação total, do conflito produtivo e do progresso contínuo. Com suas ilustrações atraentes, ferramentas acessíveis e sequências de atividades ponderadas que evitam (e se recuperam de) problemas de equipe previsíveis de todos os tipos, este livro é um recurso valioso. Sempre achei que ferramentas simples podem gerar sinergia atingível direcionando o comportamento da equipe na direção certa, e este livro está cheio delas — atividades e diretrizes que atenderão bem a todas as equipes.

No entanto, o que é especialmente poderoso *em High Impact Tools for Teams* é a ênfase no processo de equipe e o clima psicológico. A maioria dos autores trata de um ou outro — e oferece um guia passo a passo para gerir um projeto em equipe ou algo que explique os benefícios de um clima psicologicamente seguro que permita a ela aprender e inovar. Este livro oferece ferramentas simples para fazer ambos. Quando não se pode opinar em uma equipe por causa de um clima desagradável, a

inovação sofre, os problemas se complicam e, às vezes, se tornam grandes fracassos. Mas criar segurança psicológica parece uma meta ilusória, principalmente para líderes de equipes sob pressão para entregar resultados. Apoiados em minhas pesquisas e nas de muitos outros cujo trabalho se baseia nesse recurso fantástico, Stefano e Alex desmistificam a busca por uma cultura de equipe saudável — e nos mostram como a criar. Só esse objetivo já me deixa entusiasmada com o livro. Ele injeta energias — e ferramentas — novas na busca de construir equipes que podem prosperar no século XXI e engajar totalmente a energia e a experiência de todos que trabalham nelas.

Mesmo que o trabalho em equipe sempre seja desafiador, os líderes hoje têm acesso a ferramentas práticas e fáceis de usar para ajudá-los a trabalhar bem. Os líderes que as adotarem com profundo entusiasmo criarão as equipes de que as empresas precisam e que os funcionários querem.

— Amy C. Edmondson
Harvard Business School, Cambridge, MA

Sete Grandes Pensadores que Inspiraram Este Livro

Herbert Clark

Herbert H. Clark é psicolinguista e professor de psicologia da Universidade de Stanford. Os fundamentos deste livro baseiam-se em seus trabalhos sobre o uso da língua na coordenação de pessoas. O design do **Mapa de Alinhamento de Equipes** inspira-se em suas pesquisas sobre compreensão mútua e coordenação de atividades conjuntas.

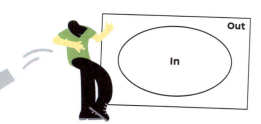

Alan Fiske

Alan Page Fiske é professor de antropologia psicológica da Universidade da Califórnia, Los Angeles. Suas obras sobre a natureza e as variações interculturais das relações humanas modificaram nossa compreensão do significado de "social" e resultaram no design atual do **Contrato da Equipe**.

Yves Pigneur

Yves Pigneur é professor de administração e sistemas de informação da Universidade de Lausanne, na Suíça. Seu trabalho com *design thinking* e *tool design* nos ajudou a eliminar a difícil lacuna entre teoria e prática. Sem sua ajuda e orientação conceitual, este livro e todas as ferramentas que ele contém simplesmente não existiriam.

Amy Edmondson

Amy Edmondson é professora de liderança e gestão da Harvard Business School. A integração dos quatro complementos foi influenciada por seu trabalho sobre confiança nas equipes, em especial, o conceito da segurança psicológica entre seus membros. Suas pesquisas nos proporcionaram grandes insights para compreender o impacto da confiança no trabalho de equipes multifuncionais e na inovação.

Françoise Kourilsky

Françoise Kourilsky é psicóloga e coach especializada em gestão de mudança. Ela é pioneira na introdução das técnicas de terapia breve e sistêmica para gerir mudanças na organização, trabalhando diretamente com Paul Watzlawick, do Instituto de Pesquisa Mental, em Palo Alto, Califórnia. A ela, devemos o **Localizador de Fatos**, que é uma nova interpretação de sua "bússola de linguagem".

Steven Pinker

Steven Pinker é professor de psicologia de Harvard. Seu trabalho em psicolinguística e relações sociais, em especial o uso da linguagem direta e pedidos polidos em jogos cooperativos, inspirou o **Cartão do Respeito**. Seus trabalhos recentes sobre conhecimento comum moldam nossos futuros avanços.

Marshall Rosenberg

Marshall Rosenberg foi psicólogo, mediador e autor. Ele fundou o Centro de Comunicação Não Violenta e trabalhou em todo o mundo como pacificador. Seu trabalho com linguagem de resolução de conflitos e comunicação empática inspirou o design do **Guia de Pedidos Não Violentos**.

xi

Conheça a Série Strategyzer

Acreditamos que ferramentas simples, visuais e práticas transformam a eficiência de uma pessoa, de uma equipe e de sua organização. Embora novas ideias de negócio falhem, as empresas estão sob constante ameaça de disrupção e obsolescência. Quantidades inaceitáveis de tempo e dinheiro se perdem todos os anos devido à falta de clareza e alinhamento em questões de negócios fundamentais. Cada um de nossos livros contém um conjunto de ferramentas e processos com objetivo próprio para tratar de desafios específicos. Esses desafios estão interligados, de modo que desenhamos meticulosamente as ferramentas para serem autônomas e integrar-se umas às outras para criar o kit de ferramentas de estratégia e inovação mais integrado do mundo. Compre um ou compre todos, de qualquer forma, você obterá resultados.

strategyzer.com/books

Business Model Generation

Um manual para visionários, agentes de transformação e provocadores que lutam para contestar modelos de negócios desatualizados e desenhar as empresas do futuro. Adapte-se a novas duras realidades e saia na frente dos concorrentes com *Business Model Generation*.

Value Proposition Design

Enfrente o principal desafio de todas as empresas — criar produtos e serviços atrativos, que os clientes queiram comprar. Descubra o processo repetível e as ferramentas corretas para criar produtos que vendem.

Testing Business Ideas

Descubra uma biblioteca de 44 experimentos para testar suas ideias de negócios sistematicamente. Combine o Canvas do Modelo de Negócios e o Canvas da Proposta de Valor com o Mapeamento de Suposições e outras ferramentas poderosas de lean startups.

The Invencible Company

Torne-se invencível simultaneamente gerindo um portfólio de negócios existentes e explorando um pipeline de mecanismos de novo crescimento em potencial. Descubra ferramentas práticas e essenciais, incluindo o Mapa de Portfólio de Negócios, as Métricas de Inovação e o Mapa da Cultura, e uma biblioteca de Padrões de Modelos de Negócios.

High-Impact Tools for Teams

Cinco ferramentas poderosas para trabalho em equipe e gestão de mudança para implementar novos modelos de negócios com sucesso. Torne cada projeto de inovação um sucesso com o Mapa de Alinhamento de Equipes, o Contrato da Equipe, o Localizador de Fatos, o Cartão do Respeito e o Guia de Pedidos Não Violentos.

xiii

"Conversar é a tecnologia da liderança."

Jeanne Liedtka, estrategista

Então, por que temos todos esses problemas?

Quando foi a última vez que você gostou de contribuir com uma equipe?

50%

das reuniões são consideradas improdutivas e uma perda de tempo.

Atlassian*

75%

das equipes multifuncionais são disfuncionais.

Behnam Tabrizi, "75% of Cross-Functional Teams Are Dysfunctional".

Harvard Business Review, 2015

$37B

é o custo em US$ de reuniões desnecessárias para as empresas norte-americanas.

Atlassian*

29%

dos projetos são bem-sucedidos.

Chaos Report, The Standish Group, 2019

10%

dos membros das equipes concordam sobre quem está em sua equipe (120 equipes).

Diane Coutu, "Why Teams Don't Work", Harvard Business Review, 2009

95%

dos colaboradores de uma empresa não estão cientes de sua estratégia ou não a compreendem.

Robert Kaplan e David Norton, "The Office of Strategy Management", Harvard Business Review, 2005

66%

dos trabalhadores dos EUA não estão engajados ou estão ativamente desengajados no trabalho.

Jim Harter, Gallup, 2018**

1/3

das colaborações de valor agregado vem somente de 3% a 5% dos empregados.

Rob Cross, Reb Rebele e Adam Grant, "Collaborative Overload", Harvard Business Review, 2016

**"You Waste a Lot of Time at Work", Atlassian,* www.atlassian.com/time-wasting-at-work-infographic

***"Employee Engagement on the Rise in the U.S.", Gallup,* news.gallup.com/poll/241649/employee-engagement-rise.aspx

+ Princípios Essenciais

O que Causa o Mau Desempenho das Equipes

As equipes apresentam mau desempenho quando seus membros precisam trabalhar *apesar do outro*, e não *com* o outro, algo que ocorre quando o ambiente da equipe é inseguro e as suas atividades são mal alinhadas

Trabalhar apesar do outro é uma jornada exaustiva. Reuniões intermináveis e orçamentos elevados com resultados insatisfatórios ocorrem em um péssimo ambiente de equipe, em que a maioria dos membros trabalha sob grande pressão e se sente isolada e insatisfeita. Esse é o cotidiano de muitos membros de equipe, sem criar caricaturas como as pesquisas mostram.

Somos capazes de fazer mais que apenas trabalhar apesar do outro. Podemos trabalhar um com o outro, de verdade. Quando isso ocorre, realizamos o quase impossível com paixão. Talvez não percebamos, mas naquele momento vivenciamos "uma equipe de alto desempenho". É uma expressão que as pessoas usam em retrospecto, porque os bons resultados se somam aos poucos.

Tivemos vivências em ambos os tipos de equipes, e este livro contém o que aprendemos nos últimos 20 anos. O principal é que o sucesso ou o fracasso conjunto depende da habilidade com que gerimos nossas interações no dia a dia, em dois níveis:

- As atividades da equipe: Ter obsessão por clareza mútua — qual é a missão, quem vai fazer o quê, está claro para todos?
- O clima na equipe: Construir com cuidado relacionamentos sólidos baseados na confiança.

Acreditamos em equipes e acreditamos em ferramentas. Esse é o motivo pelo qual passamos 5 anos desenhando e reformulando ferramentas que fazem exatamente isso. Ferramentas que ajudam os membros das equipes a melhorar:

1. As atividades da equipe por meio de seu melhor alinhamento.
2. O clima da equipe construindo ambientes de trabalho psicologicamente mais seguros.

Somente equipes têm condições de encarar a complexidade dos desafios trazidos por um mundo interconectado. Atravessamos um período de mudanças espetaculares: tecnologias mudam o jogo e confinamentos inéditos provocam disrupção em setores inteiros. As organizações são obrigadas a inovar e entregar a um ritmo sem precedentes, e as equipes são, para nós, seu componente. A necessidade de revisitar como trabalhamos juntos nunca foi maior.

Como o visionário Peter Drucker anunciou há muito tempo: a questão essencial não é "Como posso realizar?", mas "Como posso contribuir?". Só podemos concordar. Esperamos que o Mapa de Alinhamento de Equipes e as outras ferramentas apresentadas neste livro o ajudem tanto quanto nos ajudam a nos tornarmos melhores colaboradores nas equipes, todos os dias.

Clima de Equipe Inseguro
Sinais de um clima de equipe insatisfatório

- Falta de confiança entre colegas e equipes
- Competição interna
- Desengajamento
- Falta de reconhecimento
- Medo: É difícil se manifestar
- Colaboração excessiva
- Perda da alegria em trabalhar juntos

Atividades de Equipe Não Alinhadas
Sinais de mau alinhamento das atividades da equipe

- Não está claro quem faz o quê
- Um tempo valioso é perdido em reuniões intermináveis
- O trabalho é entregue muito devagar
- Prioridades sempre mudam, e ninguém sabe a razão
- Duplicação e sobreposição de projetos
- Membros das equipes trabalham em silos
- Muito trabalho é feito com maus resultados e pouco impacto

+ Princípios Essenciais

Atividades Emperram em Equipes Não Alinhadas

Em termos concretos, alinhamento é comunicar para criar consenso, conhecimento comum, compreensão partilhada ou mútua (todos usados como sinônimos neste livro — Mergulhe Mais Fundo, p. 252). O consenso permite aos membros da equipe antever ações dos outros e agir de acordo, por meio de previsões alinhadas. Quanto mais rico o consenso da equipe, melhores as previsões mútuas entre seus membros e a execução em geral, graças a uma divisão integrada do trabalho e uma integração consistente das partes individuais. É interessante notar que a conversa — o diálogo frente a frente — ainda é a tecnologia mais efetiva para construir consenso relevante.

Adaptado de: Herbert H. Clark, Using Language (*Cambridge University Press, 1996*). *Simon Garrod e Martin J. Pickering, "Joint Action, Interactive Alignment, and Dialogue", Topics in Cognitive Sience 1, nº 2 (2009): 292-304.*

Como Funciona o Alinhamento das Equipes

Alinhamento bem-sucedido

Qualquer realização de equipes, de dar uma festa a construir um avião, é um subproduto de seu alinhamento. O alinhamento é um processo de fazer contribuições convergirem de modo a atingir uma meta compartilhada para benefício mútuo. Ele transforma indivíduos que realizam suas tarefas em colaboradores bem-sucedidos na equipe. Trabalhar em equipe requer mais esforço do que trabalhar sozinho; os seus membros precisam sempre ficar em sincronia com os demais, além de fazer a sua parte do serviço. O payoff é atingir metas (maiores) do que se consegue sozinho.

Cooperação para Resultado Mútuo

Alinhamento malsucedido

Espere apenas resultados insatisfatórios de uma equipe mal alinhada. Uma comunicação malsucedida impede um consenso relevante; os participantes não se entendem e interpretam mal as ações uns dos outros. Isso faz com que realizem tarefas com importantes falhas de percepção. A divisão do trabalho e a falta de colaboração são ineficientes e onerosas. Os resultados pretendidos não são atingidos conforme o esperado.

Comunicação bem-sucedida
Membros da equipe trocam informações relevantes abertamente.

Consenso relevante
Compreensão mútua é criada entre os membros da equipe; eles estão alinhados com o que precisa ser realizado e como.

Coordenação efetiva
Os membros da equipe fazem previsões bem-sucedidas uns sobre os outros; a coordenação é harmoniosa, e as contribuições individuais se integram com sucesso.

Benefício mútuo

Comunicação
Informações que membros da equipe compartilham verbal e não verbalmente, de modo sincronizado e não sincronizado.

Consenso
Conhecimento que os membros da equipe têm em comum, também entendido como conhecimento comum ou mútuo.

Coordenação
Tarefas que os membros da equipe precisam realizar para trabalhar juntos em harmonia.

Resultado

Comunicação malsucedida
Membros da equipe não trocam informações relevantes.

Consenso baixo ou irrelevante
Falhas de percepção se formam enquanto os membros da equipe executam suas partes individuais.

Surpresas de coordenação
Contribuições individuais não estão integradas entre si. Surpresas desagradáveis se acumulam devido à coordenação ineficiente.

Perda mútua

+ Princípios Essenciais

Um Clima Inseguro na Equipe Compromete a Inovação

Eu me sinto inseguro: não quero parecer ignorante, incompetente, invasivo ou negativo. É melhor não correr riscos.

Fico em silêncio e não compartilho informações cruciais.

Adaptado de Amy Edmondson, "Psychological Safety and Learning Behavior in Work Teams", *Administrative Science Quarterly* 44, nº 2 (1999): 350–383.

Ambiente psicologicamente inseguro

Os membros da equipe se protegem de constrangimentos e outras ameaças possíveis ficando em silêncio quando o clima é psicologicamente inseguro. A equipe não se envolve em comportamentos de aprendizado coletivo, o que faz com que desempenhe mal.

Comportamentos de não aprendizado

Baixo consenso

O consenso da equipe (ou conhecimento comum) não é atualizado. Lacunas na percepção aumentam entre seus membros, e ela conta com informações desatualizadas.

Baixo aprendizado da equipe

Comportamentos habituais ou automáticos são repetidos, apesar das mudanças no contexto.

Baixo desempenho da equipe

Suposições não são revisadas, e planos não são corrigidos. O trabalho realizado não está alinhado com a situação atual, e os resultados entregues tornam-se inadequados.

Status quo ou pior

Estou confiante de que não vou ser responsabilizada pelos erros. Eu respeito e me sinto respeitada pela equipe.

Eu me manifesto e compartilho informações cruciais.

Ambiente psicologicamente seguro

Os membros da equipe não têm medo de falar quando o clima é psicologicamente seguro. Eles participam de um diálogo produtivo que cria comportamentos de aprendizado proativo necessários para entender o ambiente e os clientes e resolver problemas juntos com eficiência.

+

Comportamentos de aprendizado
Buscar feedback
Compartilhar informações
Pedir ajuda
Falar sobre erros
Experimentar

Consenso elevado

O consenso da equipe (ou conhecimento comum) é atualizado com regularidade com informações novas e recentes.

Aprendizado da equipe elevado

Novas informações ajudam a equipe a aprender e se adaptar. Comportamentos de aprendizado ajudam a equipe a mudar suposições e planos.

Desempenho de equipe elevado

Comunicação aberta ajuda a equipe a coordenar com eficiência. Integração constante de aprendizados e adaptação a mudanças no contexto geram trabalho relevante.

Resolução de problemas complexos

O novo contratado vai resolver todos os nossos problemas.

+ Princípios Essenciais

Como o Alinhamento e a Segurança Impactam a Equipe

Os desafios de hoje são assustadores demais para talentos isolados que trabalham em pseudoequipes. A resolução de problemas complexos exige trabalho de equipe real, e ele começa por criar um alinhamento sólido de seus membros e um clima seguro.

Baixo Esforço em Direção à Missão

Pouca Habilidade de Realização

× **Atividades Mal Alinhadas**
× **Clima Inseguro**

Baixo Esforço em Direção à Missão

Alta Habilidade de Realização

× **Atividades Mal Alinhadas**
✓ **Clima Seguro**

Alto Esforço em Direção à Missão

Alguma Habilidade de Realização

✓ Atividades Alinhadas
✗ Clima Inseguro

Melhor Esforço em Direção à Missão

Melhor Habilidade de Realização

✓ Atividades Alinhadas
✓ Clima Seguro

Impacto ↑

+ Princípios Essenciais

A Solução do Mapa de Alinhamento de Equipes

Aumente o alinhamento e a confiança em suas equipes com o Mapa de Alinhamento de Equipes (MAE) e seus complementos. Sua implementação é simples, prática e fácil.

Esclareça e alinhe a contribuição de cada membro da equipe de acordo com o modo de planejamento MAE. Um simples processo de duas etapas (chamado de passe para a frente e passe para trás) facilita o planejamento e ajuda a reduzir riscos.

Também use o MAE no modo avaliação, para avaliar rapidamente equipes e projetos. As avaliações são realizadas no mesmo canvas, adicionando quatro escalas nas quais a equipe pode votar, pensar e agir.

Melhora as Atividades ●●●●●
Melhora o Clima ●●

Melhore as atividades da equipe

Use o Mapa de Alinhamento de Equipes para alinhar as atividades da equipe

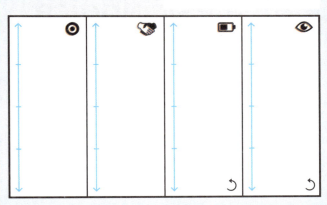

MAE – Modo de Planejamento

Alinhe, juntos, na equipe, a missão e os objetivos, como e por quem serão atingidos, com o Mapa de Alinhamento de Equipes. Reduza medos e riscos visualmente para maiores chances de sucesso. Use o MAE como uma ferramenta auxiliar de planejamento para engajar as pessoas desde o início e criar maiores níveis de aceitação e comprometimento (p. 72).

MAE – Modo de Avaliação

Não deixe pontos cegos de colaboração comprometerem seus projetos. As avaliações MAE são rápidas e revelam o que está oculto de forma visual e neutra. Crie oportunidades reais para diálogos produtivos, momentos de descoberta que não estigmatizam os que querem falar e reforçar os comportamentos de aprendizado (p. 90).

+ Princípios Essenciais

Os Quatro Complementos de Confiança e Segurança Psicológica

Use os quatro complementos para:

- Esclarecer as regras do jogo com o Contrato da Equipe
- Fazer boas perguntas com o Localizador de Fatos
- Demonstrar consideração pelos outros com o Cartão do Respeito
- Administrar conflitos de modo construtivo com o Guia de Pedidos Não Violentos

O Mapa de Alinhamento de Equipes e o Contrato da Equipe são ferramentas de cocriação. O Localizador de Fatos, o Guia de Pedidos Não Violentos e o Cartão do Respeito são ferramentas comportamentais. Elas são usadas individualmente para melhorar as interações diárias.

Melhore o clima da equipe

MISSÃO CONJUNTA

Melhora as Atividades
Melhora o Clima

Use os quatro complementos de confiança para criar um clima mais seguro para a equipe

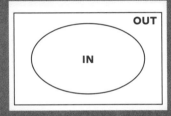

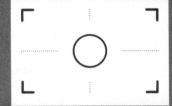

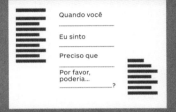

O Contrato da Equipe

Defina as regras da equipe com o Contrato da Equipe. Trate de comportamentos, valores, tomadas de decisão e comunicação, e estruture as expectativas em termos de falha de equipe. Crie um ambiente transparente e justo que promova comportamentos de aprendizado e harmonia (veja p. 184).

O Localizador de Fatos

O Localizador de Fatos propõe questões poderosas que transformam suposições, julgamentos, limitações e generalizações improdutivos em fatos e experiências observáveis. Pergunte como um profissional — restaure a clareza em discussões quando ficar confuso. Crie mais confiança demonstrando interesse real no que os outros dizem (veja p. 204).

O Cartão do Respeito

O Cartão do Respeito sugere dicas para ser diplomático e demonstrar consideração (1) valorizando os outros; (2) mostrando respeito. Isso torna as conversas menos eficientes do ponto de vista das tarefas, mas aumenta muito o clima de segurança na equipe (veja p. 220).

O Guia de Pedidos Não Violentos

Não piore as coisas com explosões emocionais; trate o conflito de modo construtivo com o Guia de Pedidos Não Violentos. Expresse sentimentos negativos legítimos usando palavras apropriadas. Ajude os outros a entender o que está errado e o que deve mudar de um modo não agressivo e mantenha o clima da equipe seguro (veja p. 236).

+ Princípios Essenciais

Desafios Comuns: O Mapa de Alinhamento de Equipes em Ação

Em Reuniões

- Foque a equipe, p. 120
- Melhore o engajamento dos membros da equipe, p. 122
- Aumente o impacto da reunião, p. 124
- Tome decisões com base em informações, p. 126

Em Projetos

- Comece os projetos com o pé direito, p. 138
- Mantenha o alinhamento ao longo do tempo, p. 140
- Monitore o progresso das tarefas, p. 144
- Reduza riscos (enquanto se diverte), p. 148
- Alinhe equipes divididas, p. 150

Em Organizações

- Empodere as equipes, p. 160
- Engaje grupos grandes, p. 162
- Facilite a colaboração entre departamentos e funções, p. 164
- Negocie e aloque recursos, p. 166
- Integre o MAE com processos e ferramentas de estratégia, p. 168
- Avalie o preparo das iniciativas estratégicas, p. 170

+ Princípios Essenciais

O que Ler Primeiro

Líderes de Organizações

Leia Princípios Essenciais (p. XIV), aprenda a desfazer silos nas organizações (p. 154). Você pode conduzir melhores conversas nas equipes compreendendo bem o Localizador de Fatos (p. 204).

Empreendedores

Comece com os Princípios Essenciais (p. XIV) e aprenda a usar o MAE para manter os projetos no rumo (p. 132) e leve as regras para a equipe assinando o Contrato da Equipe (p. 184).

Coaches de Equipes

Certifique-se de saber tudo sobre Alinhar para ter um trabalho em equipe bem-sucedido (pp. 10–71) e compreender se ainda estamos no rumo certo (p. 90). Além disso, todas as ferramentas complementares da Seção 3 (p. 183) serão úteis.

Líderes de Projeto

Compreenda totalmente os <u>Princípios Essenciais (p. XIV)</u> e aprenda a usar o MAE para <u>manter projetos no rumo (p. 132)</u>. Apresente regras certas para a equipe com o <u>Contrato da Equipe (p. 184)</u>.

Membros da Equipe

Tenha uma visão geral com os <u>Princípios Essenciais (p. XIV)</u>. Depois aprenda a <u>Conduzir reuniões para avançar-e-agir (p. 118)</u>, e ter melhores conversas com o <u>Localizador de Fatos (p. 204)</u>.

Educadores

Compreenda os <u>Princípios Essenciais (p. XIV)</u> primeiro. Você saberá como <u>alinhar para um trabalho de equipe bem-sucedido (modo de planejamento) (p. 72)</u> e ajudará a verificação das equipes: <u>Ainda estamos no rumo? (p. 90)</u>.

Descubra o Mapa de Alinhamento de Equipes

O que é e como funciona

"Trabalhar junto dá trabalho."

Herbert Clark, psicolinguista

Visão Geral

<u>Entender</u> o layout e o conteúdo de cada coluna, <u>planejar</u> e reduzir riscos, e <u>avaliar</u> projetos e equipes.

1.1

Começando: Os Quatro Pilares do Mapa de Alinhamento de Equipes

Como descrever objetivos conjuntos, comprometimento dos membros da equipe, recursos exigidos e riscos.

1.2

Planejando Quem Faz o quê com o Mapa de Alinhamento de Equipes (Modo de Planejamento)

Comece com o passe para frente para criar o plano, e depois o passe para trás para reduzir quaisquer riscos.

1.3

Mantendo os Membros da Equipe no Rumo Certo (Modo de Avaliação)

Use o Mapa de Alinhamento de Equipes para avaliar a prontidão da equipe ou tratar de problemas existentes.

1.1

Começando: Os Quatro Pilares do Mapa de Alinhamento de Equipes

Como descrever objetivos conjuntos, comprometimento dos membros da equipe, recursos exigidos e riscos.

1.1 Começando: Os Quatro Pilares do Mapa de Alinhamento de Equipes

O Espaço de Trabalho

O espaço de trabalho é dividido em duas partes: a área do atacante, para estruturar a colaboração, e a de conteúdo, para orientar as reuniões sobre os quatro pilares. Cada pilar abrange um aspecto essencial para qualquer colaboração bem-sucedida.

Objetivos Conjuntos
p. 40
O que pretendemos realizar juntos, concretamente?

Comprometimentos Conjuntos
p. 48
Quem fará o quê?

Recursos Conjuntos
p. 56
De que recursos precisamos?

Riscos Conjuntos
p. 64
O que pode nos impedir de ter êxito?

Mergulhe mais fundo
Para descobrir o backstage do Mapa de Alinhamento de Equipes, leia a p. 258: Compreensão Mútua e Consenso (em Psicolinguística).

Área do Atacante
Dá contexto e foco.

Missão
Dá significado e contexto ao explicar o propósito da reunião do projeto (pp. 38–39).

Período
Define um prazo em dias, meses ou um prazo final para cair na real (pp. 38–39).

Mapa de Alinhamento de Equipes

Missão:

Período:

Objetivos Conjuntos
O que pretendemos atingir juntos?

Comprometimentos Conjuntos
Quem faz o quê e com quem?

Recursos Conjuntos
Que recursos temos?

Riscos Conjuntos
O que pode nos impedir de ter êxito?

© 2020 Stefano Mastrogiacomo. Todos os direitos reservados. www.teamalignment.com

Strategyzer

Área de Conteúdo
Espaço para trabalhar.

Indicadores de passe para trás
Lembretes visuais de que os riscos devem ser tratados em equipe (passe para trás, pp. 74–75).

1.1 Começando: Os Quatro Pilares do Mapa de Alinhamento de Equipes

Missão e Período

Uma missão é o ponto de partida de qualquer colaboração, o elo que une todos. Ela ajuda todos a compreender o que está em jogo e proporciona uma lógica para engajamento pessoal porque:

- É atraente.
- Todos se preocupam.
- É parte necessária para as tarefas de todos.

Os participantes sempre se perguntam: "Por que estou aqui?", quando as missões não são claras. O nível de atenção e participação diminui, a conversa passa de um assunto a outro, e o diálogo se torna inconsistente, deixando os participantes confusos e, muitas vezes, entediados.

Os períodos criam um limite temporal para a equipe. Limites de tempo são essenciais: eles ajudam a remover considerações exóticas em termos de metas e mergulham, todos, em um ambiente de ações concretas.

A área do atacante ajuda os participantes a entender por que estão ali e cria interesse em ouvir e participar.

+

Descrevendo Missões Significativas

Para beneficiar-se de elevados níveis de aceitação e motivação, descreva as missões de modo positivo e a partir do ponto de vista do participante. Respeite esses critérios o máximo possível ao redigir uma missão: desafiadora, audaciosa, única, incomum ou divertida.

Exemplo:

- SIM: Fortalecer nossa lucratividade e garantir nossos salários pelos próximos três anos (meta — benefício).
- NÃO: Reduzir os custos em 30%.

Como descrito por Amy Edmondson, as pessoas precisam concordar e sentir orgulho da missão da equipe para motivar seus esforços pessoais e superar barreiras relacionais e técnicas para ter êxito (Edmondson e Harvey, 2017; Deci e Ryan, 1985; Locke e Latham, 1990).

Palavras-chave para pesquisa: Declarações de missão; nomes de projetos.

+

"Verificação da Aceitação"

É ideal que a missão seja validada usando a seguinte declaração:

Durante a missão (M), cada participante é capaz de dar significado à sua contribuição pessoal (X) pensando:

"Eu estou fazendo X porque meu grupo está fazendo M e precisa de meu X, e isso é importante para mim."

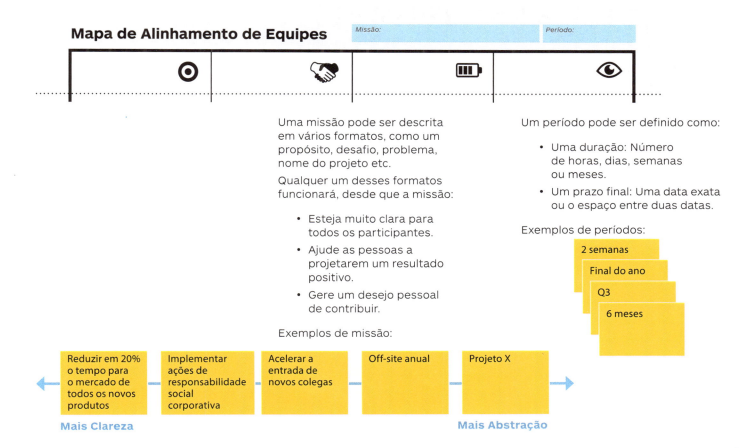

Objetivos Conjuntos

O que pretendemos realizar juntos, concretamente?

Mapa de Alinhamento de Equipes

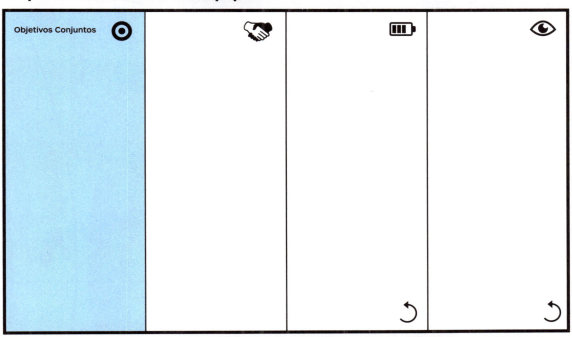

1.1 Começando: Os Quatro Pilares do Mapa de Alinhamento de Equipes

O que São Objetivos Conjuntos?

Objetivos conjuntos claros alinham as intenções dos participantes ao redor do que precisa ser feito, o que é expresso em termos de:

- Metas (intenção a ser atingida).
- Objetivos (metas mensuráveis).
- Atividades (algo a ser feito).
- Ações (partes das atividades).
- Tarefas (partes das ações).
- Pacotes de trabalho (trabalho dado a uma pessoa).
- Resultados (consequências das atividades).
- Entregáveis (sinônimo de resultados).
- Efeitos (sinónimos de resultados).
- Produtos, serviços (sinônimos de resultados).

O MAE é uma ferramenta semiestruturada. O segredo aqui é acordar o trabalho executável; porém, ele pode ser moldado. Um MAE típico contém 3–10 objetivos conjuntos. Se houver mais que 10, pergunte à equipe se a missão é ampla ou ambígua demais. Talvez você esteja descrevendo vários projetos de uma só vez. Considere dividi-los em vários MAEs, se for o caso.

Definir objetivos conjuntos em equipe ajuda a dividir a missão em partes executáveis do trabalho.

Mapa de Alinhamento de Equipes

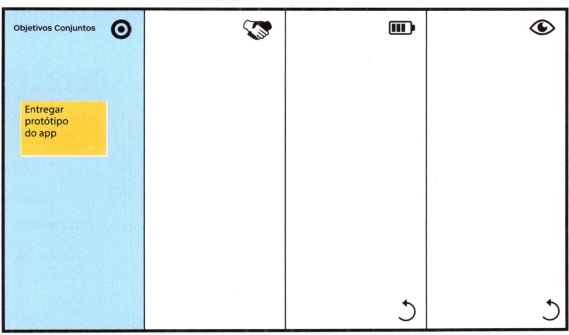

Pergunte

- O que pretendemos atingir juntos, concretamente?
- O que precisamos fazer?
- O que precisamos entregar?
- Que trabalho precisa ser feito?

Exemplos

1.1 Começando: Os Quatro Pilares do Mapa de Alinhamento de Equipes

Exemplos de Objetivos Conjuntos

Objetivos conjuntos podem ser descritos com mais ou menos detalhes. O tradeoff está entre clareza e rapidez.

Mínimo

> Receitas mais altas.

Recomendado

> Aumentar nossas vendas em aeroportos da China.

Recomendado

> Anunciar toda a nossa linha de produtos nos aeroportos da China até 15 de setembro.

Pouca Granularidade ou Detalhes
Mais Rapidez, Menos Clareza

Metas

Um adjetivo
+ um substantivo

Metas são realizações intermediárias para chegar aos resultados finais.

Resultados Finais

Um verbo de ação
+ uma descrição

Resultados são consequências, entregáveis ou serviços que ocorrem ou se materializam no caso de sucesso.

Objetivos

Um verbo de ação
+ uma descrição
+ algo mensurável

Adicionar uma medida a uma meta cria um objetivo.

Mais Técnico

Como desenvolvedor de mercado, preciso de um orçamento de publicidade para promover nossa linha de produtos em aeroportos na China.

Aumentar a fatia de mercado na China.

Aumentar a fatia de mercado em aeroportos da China em 20% de toda a linha de produtos até o fim deste ano fiscal.

Muita Granularidade ou Detalhes
Menos Rapidez, Mais Clareza

Histórias de Usuários

Como um ‹ *papel* ›
quero ‹ *objetivos* ›
para que ‹ *razão* ›

Histórias de usuários são uma técnica para descrever exigências do usuário em desenvolvimentos de software agile. Essa abordagem é cada vez mais adotada por outros setores para descrever objetivos a partir da perspectiva do usuário.

Pesquisa: História do usuário

OKR (Objetivos e Resultados-chave)

Meta + resultados-chave

OKR é um sistema para descrever objetivos conjuntos, inicialmente desenvolvido por Andy Grove quando era CEO da Intel. O método tornou-se famoso depois de ser adaptado pelo Google. Para criar um OKR, é preciso especificar resultados-chave mensuráveis para cada meta.

Pesquisa: OKR

Objetivos SMART

SMART [INTELIGENTE] significa, em inglês, específico, mensurável, alcançável, realista e tangível. Esse modo de descrever objetivos geralmente é associado ao conceito popular de "gestão por objetivos", apresentado por Peter Drucker nos anos de 1950.

Ele é muito útil em situações nas quais os objetivos não mudam regularmente.

Pesquisa: Objetivos SMART

+

Sempre comece seu MAE esclarecendo os objetivos conjuntos

O trabalho não pode ser dirigido ou organizado em equipe se os objetivos não forem claros. Foi de Thomas Shelling (pioneiro da teoria dos jogos e vencedor do Prêmio Nobel) o insight de que "ações conjuntas são criadas a partir da meta para trás. Duas pessoas se dão conta de que têm metas em comum, que suas ações são interdependentes e trabalham em sentido inverso para achar um meio de coordenar suas ações em uma ação conjunta que atingirá essas metas". Em outras palavras, independentemente da duração (p. ex., 3 semanas, 3 meses ou 3 anos), o plano não tem valor em termos de trabalho se os objetivos não forem claros.

+

Decomposição e granularidade de objetivos

O Mapa de Alinhamento de Equipes não foi planejado para decomposição e monitoramento de tarefas detalhadas. A ferramenta ajuda os membros a se alinharem depressa em tópicos essenciais para melhor colaboração. Se forem necessários maiores níveis de granularidade, informe e decomponha os objetivos conjuntos em uma ferramenta de gestão após a sessão de alinhamento da equipe. Depois, valide a lista decomposta com seus membros.

Palavras-chave para pesquisa: estrutura de divisão de trabalho, backlog.

Comprometimentos Conjuntos

Quem fará o quê?

Mapa de Alinhamento de Equipes

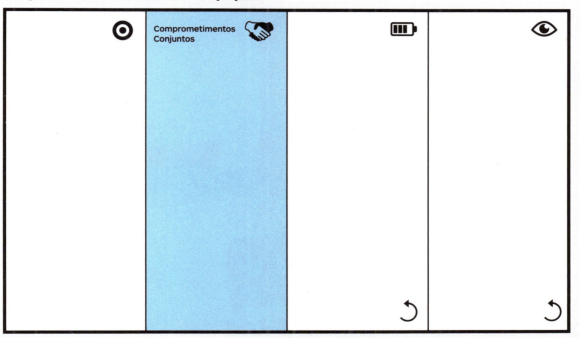

1.1 Começando: Os Quatro Pilares do Mapa de Alinhamento de Equipes

O que São Comprometimentos Conjuntos?

Ao estabelecer comprometimentos conjuntos, os membros da equipe se comprometem a assumir e realizar um ou mais objetivos conjuntos. Não há muito o que escrever nas notas; nome e funções de alto nível geralmente são suficientes. Porém, o ritual de cada membro comprometendo-se diante dos demais tem um papel importante. Isso pode ser feito de dois modos:

- O membro escreve seu nome ao lado dos objetivos pelos quais será responsável.

- O membro concorda dizendo "okay", "concordo", "para mim, tudo bem" ou "eu faço" se alguém pôs seu nome no MAE.

Comprometimentos ambíguos resultam em falta de responsabilidade e ocorrem principalmente em equipes em que eles são implícitos, isto é, tácitos. Comprometimentos tácitos criam um ambiente de incerteza no qual os participantes pressupõem o que os outros farão de acordo com sua conveniência, o que aumenta a probabilidade de confusão e conflito. Isso é resolvido falando claramente.

O Ritual do Comprometimento Conjunto: Descubra o Trabalho de Margaret Gilbert

Margaret Gilbert é uma filósofa inglesa que investigou a noção do comprometimento conjunto por décadas. Ela observou que, para criar comprometimentos conjuntos pertinentes, é preciso e suficiente que os membros expressem sua prontidão para se comprometer diante dos outros (Gilbert, 2014). Isso faz com que os comprometimentos entrem no consenso ou conhecimento comum da equipe (veja Mergulhe Mais Fundo, p. 252). Concordar abertamente com o comprometimento conjunto cria obrigações e direitos morais. Cada membro que se compromete tem a obrigação moral de fazer sua parte e, em troca, esperar que os outros façam as deles. Esses direitos e obrigações unem os membros da equipe e agem como uma força motivadora poderosa.

Pesquisa: Margaret Gilbert, filósofa

Comprometimentos conjuntos movem os participantes do status individual ao de membro ativo da equipe.

Mapa de Alinhamento de Equipes

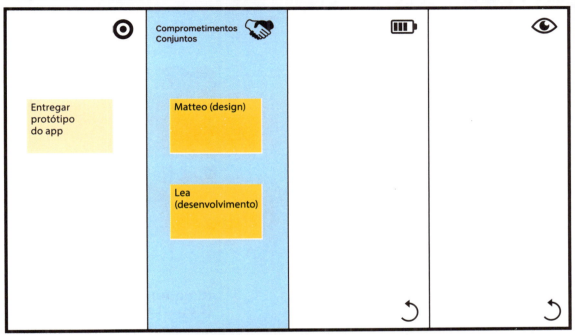

Pergunte
- **Quem vai fazer o quê?**
- Quem se compromete com o quê?
- Como trabalharemos em conjunto?
- Qual é o papel de cada um?

Comprometimentos conjuntos costumam ser colocados à direita do objetivo conjunto relacionado.

1.1 Começando: Os Quatro Pilares do Mapa de Alinhamento de Equipes

Exemplos de Comprometimentos Conjuntos

Comprometimentos conjuntos variam entre um nome ou um nome com uma lista de tarefas de alto nível. O importante é que todos entendam e concordem com quem fará o quê.

Mínimo

SJ

Temporário

Todos

Lea

Finanças

TI

Yann + Nigel + Eve

Pouca Granularidade ou Detalhes
Mais Velocidade, Menos Clareza

(Equipe) ou (Departamento)

O nome da equipe é útil quando nem todos os comprometimentos são esclarecidos de imediato. Este é o método mais rápido, mas comprometimentos deverão ser esclarecidos depressa, para evitar mal-entendidos.

(Iniciais) ou (Nomes)

Iniciais e primeiros nomes são rápidos e úteis para os membros da equipe habituados a trabalhar juntos.

Recomendado

Lea
(desenvolvimento)

Matteo (design)
Lea
(desenvolvimento)

Tarefas de alto nível

Matteo:
- Criar versão em papel
- Design de ativos digitais

Lea:
- Arquitetura técnica
- Codificar e testar

Muita Granularidade ou Detalhes
Menos Rapidez, Maior Clareza

(Nome) + (Cargo)

Além do nome, descrever o cargo ou tarefa concisamente aumenta a clareza mútua, sem desacelerar a sessão de alinhamento.

(Nome) + (Principais Tarefas/Responsabilidades)

Tarefas de alto nível também podem ser adicionadas. Esta abordagem mais longa às vezes é usada para equipes recém-criadas. Fique atento em indicar subtarefas que atendam a um objetivo na coluna de Objetivos Conjuntos, para evitar confundir a equipe sobre o que entra em cada coluna.

Recursos Conjuntos

De que recursos precisamos?

Mapa de Alinhamento de Equipes

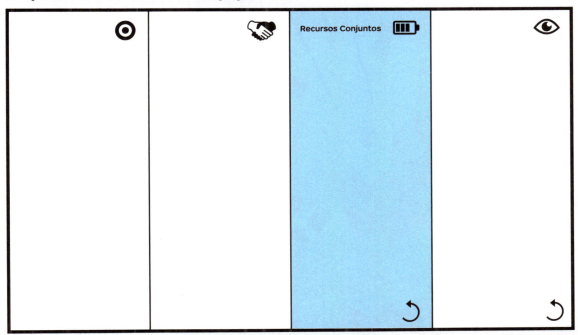

1.1 Começando: Os Quatro Pilares do Mapa de Alinhamento de Equipes

O que São Recursos Conjuntos?

Todas as atividades humanas exigem recursos como tempo, capital ou equipamentos. Descrever os recursos conjuntos consiste em calcular essas exigências de modo que cada membro da equipe contribua com sucesso. Isso ancora a equipe no mundo real, aumentando a consciência conjunta do que pode ser necessário para cumprir a missão.

Quando há falta de recursos, as equipes perdem a capacidade de entrega, porque os indivíduos ficam presos. O fluxo de trabalho é interrompido, e a realização adequada da missão é comprometida. Calcular e negociar recursos é essencial, mas insuficiente. Eles precisam ser alocados, isto é, disponibilizados, para que os membros possam desempenhar seu papel. Não hesite em insistir neste ponto em caso de dúvida.

+
Status dos recursos

O status de um recurso pode ser identificado desta forma:

60

Recursos conjuntos ajudam a equipe a avaliar o que é necessário para cada membro fazer sua parte.

Mapa de Alinhamento de Equipes

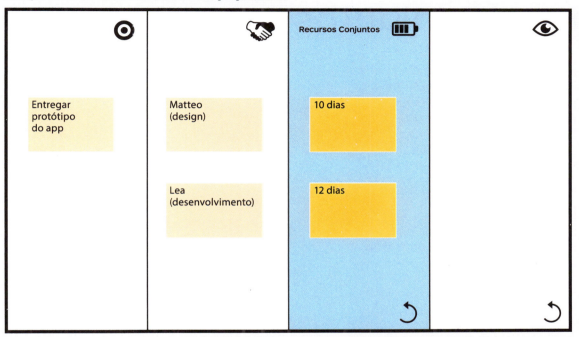

Pergunte

- **De que recursos precisamos?**
- O que precisamos disponibilizar ou adquirir?
- O que falta para que todos contribuam com sucesso?
- Quais são os meios necessários para realizar nosso trabalho?

Exemplos

1.1 Começando: Os Quatro Pilares do Mapa de Alinhamento de Equipes

Exemplos de Recursos Conjuntos

Se o membro da equipe precisa de algo para realizar seu trabalho, então é um recurso! Necessidades de recursos podem ser descritas com mais ou menos precisão; o tradeoff é sempre entre rapidez e clareza.

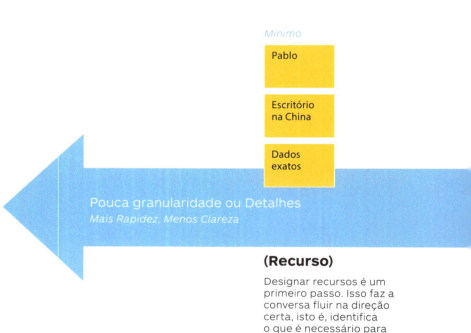

Mínimo

Pablo

Escritório na China

Dados exatos

Pouca granularidade ou Detalhes
Mais Rapidez, Menos Clareza

(Recurso)

Designar recursos é um primeiro passo. Isso faz a conversa fluir na direção certa, isto é, identifica o que é necessário para realizar o trabalho.

+
Checklist de recursos

☐ Pessoas: Recrutamento, horas de trabalho, habilidades (técnicas, sociais), treinamento, motivação

☐ Equipamento e ferramentas: Escrivaninhas, salas de reuniões, móveis, veículos, máquinas

☐ Financeiros: Orçamentos, dinheiro, crédito

☐ Materiais: Matéria-prima, suprimentos

☐ Tecnologia: Aplicativos, computadores, serviços online, necessidades de infraestrutura de rede

☐ Informações: Documentos, dados, direitos de acesso

☐ Legais: Direitos autorais, patentes, permissões, contratos

☐ Organizacionais: Processos, suporte interno, decisões

Recomendado

> Pablo – 10 dias

> Panfletos - 100

> Orçamento de viagem de $20K

Com limitações

> Preciso de Pablo por 10 dias a um custo máx. de $1,5K/dia

> Imprimir 100 panfletos (para antes de 3 de junho)

> Validar orçamento de viagem de $20K antes do final da semana.

Muita Granularidade ou Detalhes
Menos Rapidez, Mais Clareza

(Recurso) + (Quantidade Estimada)

Nomear e quantificar os recursos cria um nível de alinhamento superior e realismo entre os membros. Sugerir um intervalo ou valor (1-10; $20-80K) quando for difícil mostrar uma estimativa única.

(Verbo) + (Quantidade Estimada) + (Recurso) + (Limitação)

Este modelo mais longo ajuda a alinhar a equipe quando são necessários altos níveis de precisão para recursos críticos. Usado só em casos específicos.

Riscos Conjuntos

O que pode nos impedir de ter êxito?

Mapa de Alinhamento de Equipes

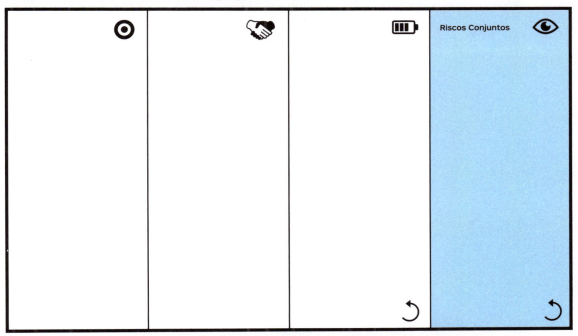

Eu disse que estávamos indo depressa demais.

1.1 Começando: Os Quatro Pilares do Mapa de Alinhamento de Equipes

O que São Riscos Conjuntos?

Projetos livres de riscos entregam... nada. Todos os projetos têm riscos relacionados ao seu grau inerente de incerteza. Riscos são eventos que, quando ocorrem, criam obstáculos indesejados. Esses obstáculos dificultam a tarefa da equipe em cumprir a missão. Eles podem impactar de modo negativo os custos, os prazos e a qualidade do que se quer entregar e até prejudicar relações pessoais. No pior dos casos, um risco pode causar o fracasso de todo o projeto e da equipe.

O Mapa de Alinhamento de Equipes ajuda a reduzir riscos para o projeto em três etapas importantes:

1. Identificação do risco
   Preenchendo a coluna de riscos conjuntos

2. Análise de risco
   Discutindo a exposição ao risco de cada entrada

3. Redução de riscos
   Realizando um passe para trás (leia pp. 74–75)

Discussões de gestão de riscos são importantes: elas aumentam a resiliência da equipe — logo, a probabilidade de cumprir a missão com sucesso.

+
Exposição ao risco

Uma técnica fácil é classificar a exposição ao risco com uma pontuação ou letra em algum ponto da nota.

Por exemplo: A = Alto

M = Médio, B = Baixo

(exposição ao risco = probabilidade de risco x impacto do risco)

A Risco 1

M Risco 1

B Risco 1

+
Gestão de risco profissional

O MAE é planejado para gestão de risco imediata e rápida; não é um substituto para uma análise profunda de risco e ferramentas de gestão. Nesse caso, procure técnicas profissionais.

Palavras-chave para pesquisa: Gestão de risco, processo de gestão de risco, ferramentas de gestão de risco.

Mapa de Alinhamento de Equipes

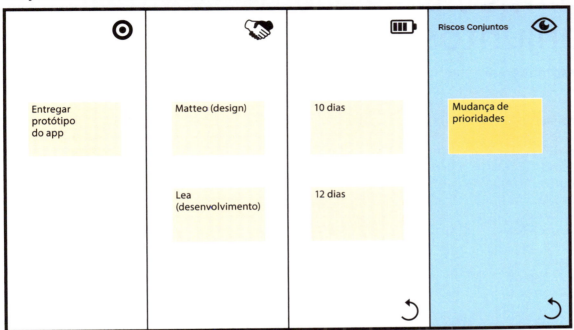

Riscos conjuntos ajudam a equipe a prever e consertar problemas em potencial de modo proativo.

Pergunte
- **O que pode nos impedir de ter êxito?**
- O que pode sair errado?
- Qual é o pior cenário imaginável?
- Que problemas/ameaças/perigos/efeitos colaterais podem surgir ao tentarmos atingir nossos objetivos?
- Há receios/objeções em especial?
- O que nos faria pensar em um plano B?

Exemplos

69

1.1 Começando: Os Quatro Pilares do Mapa de Alinhamento de Equipes

Exemplos de Riscos Conjuntos

Ao descrever riscos, o pragmatismo deve prevalecer.

Em um extremo, há tantas coisas que podem dar errado, que a equipe passa mais tempo descrevendo riscos com precisão do que trabalhando para cumprir a missão. Em outro, com excesso de otimismo, não fazer nada a respeito da identificação de riscos pode causar a falha do projeto por motivos facilmente evitáveis. O meio-termo é descrever os riscos resumidamente e detalhar só aqueles com maior probabilidade de ocorrer.

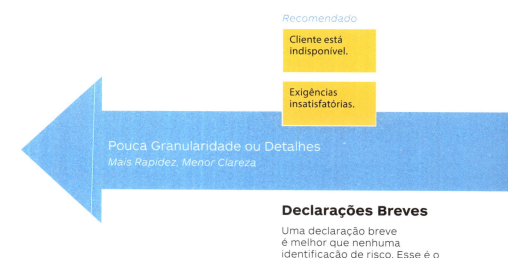

Recomendado

Cliente está indisponível.

Exigências insatisfatórias.

Pouca Granularidade ou Detalhes
Mais Rapidez, Menor Clareza

Declarações Breves

Uma declaração breve é melhor que nenhuma identificação de risco. Esse é o espírito de avaliação de riscos com o Mapa de Alinhamento de Equipes.

Com consequências

Indisponibilidade do cliente pode causar atrasos sérios.

Exigências iniciais insatisfatórias podem resultar em paralisação do servidor.

Detalhado

Indisponibilidade do cliente causada por diferença de fuso horário pode resultar em um atraso de 6–2 meses e um aumento de 40% nos custos.

Existe o risco de que o cliente esteja indisponível porque vive em outro fuso horário, o que pode resultar em atrasos de 6-12 meses e um aumento de 40% nos custos.

Exigências iniciais insatisfatórias de engenheiros de sistemas sobrecarregados podem resultar em servidores mal configurados e 30%–60% de paralisação.

Risco de termos exigências iniciais insatisfatórias porque os engenheiros e sistemas estão sobrecarregados, o que resulta em servidores mal configurados e 30%–60% de paralisação.

Muita Granularidade ou Detalhes
Menos Rapidez, Mais Clareza

(Risco) pode (Consequência)

(Evento) causado por (Causa/s) pode resultar em (Consequências quantificáveis em objetivos conjuntos)

Existe o risco de que (Evento) por (Causa/s) resulte em (Consequências quantificáveis em objetivos conjuntos)

+
Checklist de riscos
- ☐ Internos: Riscos causados pela própria equipe, erros, defeitos, falta de preparo, falta de habilidade, qualidade de entregáveis, falhas de comunicação, recrutamento, funções, conflitos etc.
- ☐ Equipamentos: Riscos causados por problemas técnicos, produtos e serviços usados pela equipe, qualidade insatisfatória de ferramentas, edifício etc.
- ☐ Organizacionais: Riscos causados pela gestão e outras equipes na mesma organização, falta de apoio, fatores políticos, logística, financiamento etc.
- ☐ Externos: Riscos causados por clientes, usuários finais, fornecedores, problemas regulatórios, mercados financeiros, condições do tempo etc.

+
Os modelos à direita são mais formais e descrevem riscos em detalhes. Porém, eles aumentam significativamente o esforço de alinhamento. Para evitar desestimular a equipe, prefira declarações curtas, como as apresentadas à esquerda, e use os modelos detalhados como guias adicionais para a discussão. Se necessário, troque para ferramentas de gestão de riscos.

71

1.2
Planejando Quem Faz o quê com o Mapa de Alinhamento de Equipes (Modo de Planejamento)

Comece com o passe para frente para criar o plano e depois faça o passe para trás para reduzir riscos.

1.2 Planejando Quem Faz o quê com o Mapa de Alinhamento de Equipes (Modo de Planejamento)

Passe para Frente e para Trás

Planejar com o Mapa de Alinhamento de Equipes é um processo de duas etapas.

1, 2, 3, 4, 5
O Passe para Frente

A primeira parte do processo, chamado de passe para frente, consiste em planejar em conjunto. Os participantes descrevem o que é necessário para colaborar efetivamente e preenchem cada coluna em ordem lógica da esquerda à direita. Isso nos dá uma visão geral das expectativas e dos problemas sobre os quais os membros podem pensar para aumentar suas chances de sucesso.

O passe para frente começa reunindo todos como uma verdadeira equipe. Em conjunto, seus membros pensam nas contribuições e necessidades uns dos outros e desenvolvem um entendimento comum.

6, 7
O Passe para Trás

A segunda parte chama-se passe para trás e visa reduzir o nível de riscos de execução. Na prática, ela consiste em remover o máximo de conteúdo das duas últimas colunas. Isso ocorre criando, adaptando e removendo conteúdo do resto do mapa. Isto é, problemas latentes, como falta de recursos e riscos abertos, são transformados em novos objetivos e novos comprometimentos.

Consertar e remover problemas visualmente, juntos, dá uma sensação de progressão. A motivação e o engajamento aumentam à medida que os participantes veem que os riscos que descreveram desaparecem porque foram tratados adequadamente. Isso também permite a confirmação da missão e do período, no final do passe para trás.

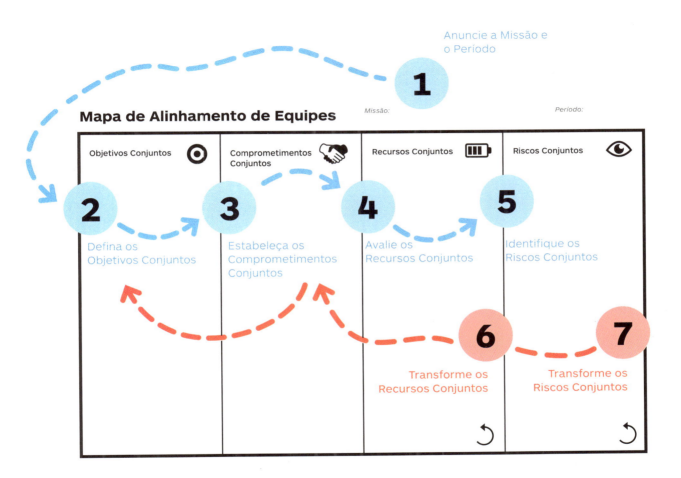

1.2 Planejando Quem Faz o quê com o Mapa de Alinhamento de Equipes (Modo de Planejamento)

Exemplo no Trabalho

O Passe para Frente
Desenvolver uma Estratégia de Mídia Social

Honora, Pablo, Matteo, Tess e Lou trabalham para uma agência de comunicação. Sua missão é desenvolver uma estratégia de mídia social para um cliente importante em tempo recorde. Eles decidem se alinhar com o Mapa de Alinhamento de Equipes, e este é o resultado dos passes para frente e para trás.

1
Anuncie a Missão e o Período

Desenvolver Estratégia de Mídia Social — 4 Semanas

2
Defina os Objetivos Conjuntos

Desenvolver Estratégia de Mídia Social — 4 Semanas

- Relatório de análise de palavras-chave
- Entrevistas com o cliente
- Realizar análise da concorrência

3

Estabeleça os Comprometimentos Conjuntos

Desenvolver Estratégia de Mídia Social

4 Semanas

Relatório de análise de palavras--chave	Honora: análise Matteo: redação		
Entrevistas com o cliente	Todos		
Realizar análise da concorrência	Pablo, Tess, Lou		

4

Avalie os Recursos Conjuntos

Desenvolver Estratégia de Mídia Social

4 Semanas

Relatório de análise de palavras--chave	Honora: análise Matteo: redação	Software analítico	
Entrevistas com o cliente	Todos	Acesso a bancos de dados ausentes	
Realizar análise da concorrência	Pablo, Tess, Lou	Tess não tem tempo	

5

Identifique os Riscos Conjuntos

Desenvolver Estratégia de Mídia Social

4 Semanas

Relatório de análise de palavras--chave	Honora: análise Matteo: redação	Software Analítico	Cliente está indisponível
Entrevistas com o cliente	Todos	Acesso a bancos de dados ausentes	Excesso de confiança nos dados
Realizar análise da concorrência	Pablo, Tess, Lou	Tess não tem tempo	

1.2 Planejando Quem Faz o quê com o Mapa de Alinhamento de Equipes (Modo de Planejamento)

Exemplo no Trabalho

O Passe para Trás
Desenvolver uma Estratégia de Mídia Social

6
Transforme os Recursos Conjuntos

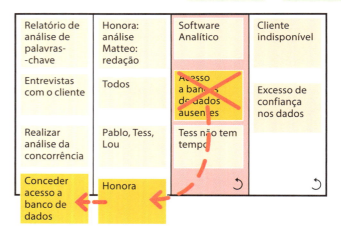

- Software Analítico: O software analítico está disponível, a nota foi checada e não há nada especial a fazer.
- Acesso de dados ausentes: Honora sabe como conceder acesso ao banco de dados à equipe e cria um objetivo e comprometimento novos.
- Tess não tem tempo: Uma solução precisa ser encontrada, então o elemento continua nesta coluna.

7

Transforme os Riscos Conjuntos

Desenvolver Estratégia de Mídia Social			4 Semanas
Relatório de análise de palavras--chave	Honora: análise Matteo: redação	Software Analítico — *OK*	Cliente indisponível
Entrevistas com o cliente	Todos		Excesso de confiança nos dados
Realizar análise da concorrência	Pablo, Tess, Lou	Tess não tem tempo	
Conceder acesso a banco de dados	Honora	↺	↺

Marcar reuniões com antecedência	Matteo

- Cliente indisponível: Há o risco de o cliente não estar disponível para entrevistas, então Matteo se compromete a marcar todas as entrevistas com antecedência.
- Excesso de confiança nos dados: Nada pode ser feito, exceto manter o risco em mente. A equipe concorda em deixar esse risco como lembrete.

Validação da Equipe

Desenvolver Estratégia de Mídia Social			4 Semanas
Relatório de análise de palavras--chave	Honora: análise Matteo: redação	Software Analítico — *OK*	👁
Entrevistas com o cliente	Todos		Excesso de confiança nos dados (lembrete)
Realizar análise da concorrência	Pablo, Tess, Lou	Tess não tem tempo	
Conceder acesso a banco de dados	Honora	↺	↺
Marcar reuniões com antecedência	Matteo		

- A equipe concorda que o trabalho pode começar.
- Ainda é preciso encontrar uma solução para a falta de tempo de Tess.
- Todos sabem disso, o que faz uma grande diferença para ela.

1.2 Planejando Quem Faz o quê com o Mapa de Alinhamento de Equipes (Modo de Planejamento)

Exemplo em Casa

O Passe para Frente
Mudança Bem-sucedida para Genebra

Ângela trabalha para uma organização internacional e acaba de ser transferida para a matriz, em Genebra, Suíça. Com o marido, Giuseppe, e os filhos, Renato, Manu e Lydia, ela decide se alinhar para garantir uma mudança bem-sucedida. Veja o que discutiram durante o passe para frente e o passe para trás.

1
Anuncie a Missão e o Período

Mudança bem-sucedida para Genebra | 3 meses

2
Defina os Objetivos Conjuntos

Mudança bem-sucedida para Genebra | 3 meses

- Encontrar uma casa nova em Genebra
- Empacotar os pertences
- Achar um novo médico
- Encontrar uma empresa de mudanças
- Comprar um carro novo em Genebra

80

4
Avalie os Recursos Conjuntos

3
Estabeleça os Comprometimentos Conjuntos

5
Identifique os Riscos Conjuntos

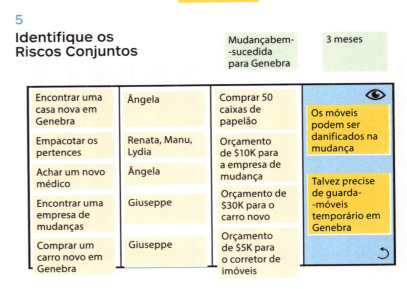

1.2 Planejando Quem Faz o quê com o Mapa de Alinhamento de Equipes (Modo de Planejamento)

Exemplo em Casa

O Passe para Trás
Mudança Bem-sucedida para Genebra

6
Transforme os Recursos Conjuntos

Mudança bem-sucedida para Genebra | 3 meses

Encontrar uma casa nova em Genebra	Ângela	Comprar 50 caixas de papelão	Os móveis podem ser danificados na mudança
Empacotar os pertences	Renata, Manu, Lydi	Orçamento de $10K para a empresa de mudança	
Achar um novo médico	Ângela	Orçamento de $30 para o carro novo	Talvez precise de guarda--móveis temporário em Genebra
Encontrar uma empresa de mudanças	Giuseppe		
Comprar um carro novo em Genebra	Giuseppe	Orçamento de $5K para o corretor de imóveis	
Pedir as caixas	Ângela		
Transferir todo o dinheiro para uma conta--corrente	Giuseppe		

- Precisam de 50 caixas: Ângela as comprará hoje.
- Orçamento total de $45K (para a empresa de mudanças, o carro novo, corretor de imóveis): Giuseppe se certificará de que o dinheiro fique disponível em uma conta-corrente.

7

Transforme os Riscos conjuntos

Validação da Equipe

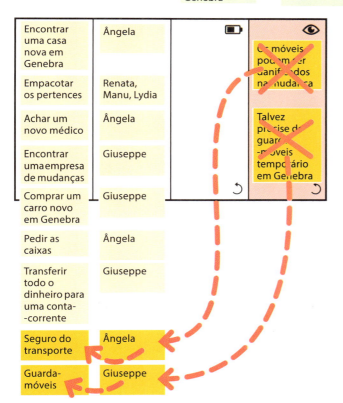

- Os móveis podem ser danificados durante a mudança: Ângela contratará um seguro para o transporte na companhia da qual são clientes.
- Talvez seja necessário contratar um guarda-móveis temporário em Genebra: Giuseppe pedirá uma indicação junto ao departamento de RH e se certificará de que haja espaço de armazenamento suficiente.

- Todos concordam e trabalham para fazer uma mudança bem-sucedida.

1.2 Planejando Quem Faz o quê com o Mapa de Alinhamento de Equipes (Modo de Planejamento)

Exemplo com Amigos

O Passe para Frente
Uma Ótima Festa de Aniversário

O aniversário de Louise está se aproximando, e seus pais, Mathilde e Bernard, querem organizar uma linda festa. Seu melhor amigo, Thomas, também quer ajudar. Veja como eles formaram uma equipe para realizar o passe para frente e o passe para trás.

1
Anuncie a Missão e o Período

- Ótima Festa de Aniversário
- 2 semanas

2
Defina os Objetivos Conjuntos

- Ótima Festa de Aniversário
- 2 semanas
- Fazer lista de convidados
- Enviar os convites
- Decorar a casa
- Preparar os bolos e comprar bebidas

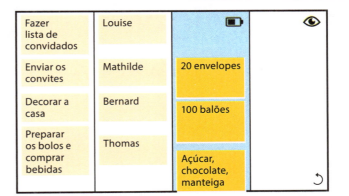

1.2 Planejando Quem Faz o quê com o Mapa de Alinhamento de Equipes (Modo de Planejamento)

Exemplo com Amigos

O Passe para Trás
Uma Ótima Festa de Aniversário

**6
Transforme os
Recursos Conjuntos**

- 20 envelopes e 100 balões: Bernard cuidará disso.
- Açúcar, chocolate e manteiga: Mathilde irá à farmácia e no caminho comprará os ingredientes no mercado.

7
Transforme os Riscos Conjuntos

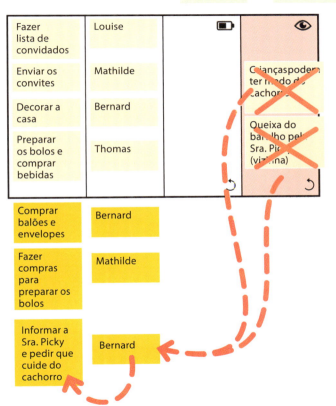

- As crianças podem ter medo do cachorro, e a Sra. Picky pode se queixar do barulho: Bernard a informará imediatamente e lhe pedirá que cuide do cachorro na tarde da festa.

Validação da Equipe

- Todos concordam e começam a preparar uma ótima festa de aniversário.

1.2 Planejando Quem Faz o quê com o Mapa de Alinhamento de Equipes (Modo de Planejamento)

Dicas de Profissional

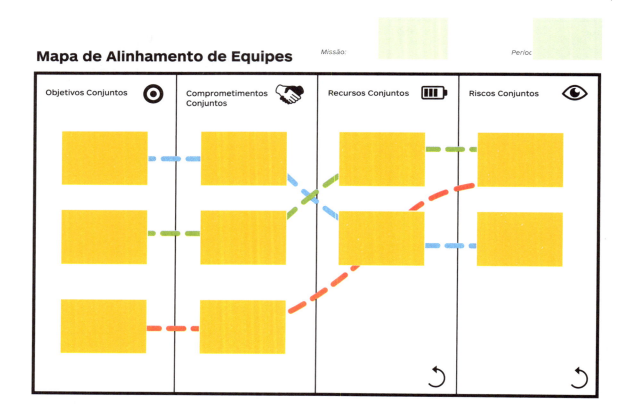

Visualizando Relacionamentos
Simplesmente faça linhas para visualizar os relacionamentos.

Itens Removidos

O que fazer com os riscos e recursos conjuntos removidos durante o passe para trás?

Opção 1
À esquerda: Diante dos novos objetivos

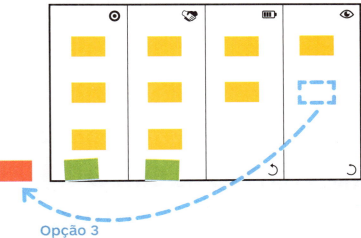

Opção 2
No mural, à direita

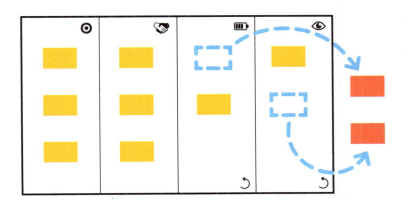

Opção 3
Lixo

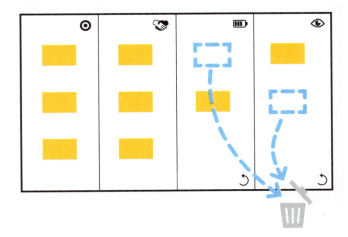

1.3
Mantendo os Membros da Equipe no Rumo Certo (Modo de Avaliação)

Use o Mapa de Alinhamento de Equipes para avaliar a prontidão da equipe ou tratar de problemas existentes.

1.3 Mantendo os Membros da Equipe no Rumo Certo (Modo de Avaliação)

Como Usar o Mapa de Alinhamento de Equipes para Avaliar Projetos e Equipes

O Mapa de Alinhamento de Equipes pode facilmente se tornar um sistema de alerta que revela pontos cegos e evita que o acúmulo de pequenas falhas de percepção se tornem grandes problemas.

Avaliações visuais rápidas com o MAE ajudam a equipe a garantir que sejam atendidas exigências mínimas de sucesso:

- No início, começar com um bom projeto.
- Depois, ficar no rumo certo.

Muitas vezes, embarcamos em projetos em que essas exigências mínimas não são atendidas e a colaboração se torna uma crise de gestão permanente. Isso ocorre quando a equipe não tem preparo ou quando há pontos cegos na colaboração, isto é, quando alguém acha que sabe o que os outros estão pensando, mas está enganado. Garantir suficiente alinhamento do começo ao fim é essencial ao sucesso, e, com uma validação rápida, a equipe pode visualizar o nível de alinhamento e agir de imediato para impedir problemas evitáveis.

Avaliar significa perguntar a cada membro da equipe se ele acha que pode fazer bem a sua parte. Se necessário, faça isso com um voto anônimo. A imagem que resulta de um voto é neutra e então é interpretada pela equipe; medidas corretivas são tomadas se o alinhamento for insuficiente.

Para começar a avaliar, desenhe quatro sliders horizontais em cada coluna e acrescente os seguintes valores a cada um deles (começando na parte inferior do mapa), como ilustrado na página seguinte:

1. Objetivos conjuntos: Confusos, neutros, claros.
2. Comprometimentos conjuntos: Implícitos, neutros, explícitos.
3. Recursos conjuntos: Ausentes, neutros, disponíveis.
4. Riscos conjuntos: Subestimados, neutros, sob controle.

Então, siga aplicando este processo básico de três etapas:

1
Revelar
Os participantes votam individualmente e reconhecem o resultado coletivamente.

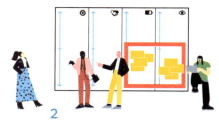

2
Refletir
Áreas com problemas são identificadas e analisadas em equipe.

3
Corrigir
São tomadas decisões para corrigir os problemas que são validadas em conjunto.

Mapa de Alinhamento de Equipes

Missão: *Período:*

Objetivos Conjuntos	Comprometimentos Conjuntos	Recursos Conjuntos	Riscos Conjuntos
Claros	**Explícitos**	**Disponíveis**	**Sob controle**
Neutros	**Neutros**	**Neutros**	**Neutros**
Confusos	**Implícitos**	**Ausentes**	**Subestimados**

93

1.3 Mantendo os Membros da Equipe no Rumo Certo (Modo de Avaliação)

Etapa 1: Revelar

Membros da equipe votam para revelar se acham que podem contribuir com sucesso.

1
Anuncie o tópico
Qual é o desafio?

2
Vote individualmente
Você acha que pode fazer a sua parte?

Teresa Luca Jeremy Mara

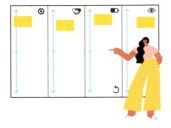

Teresa acha:

- Objetivos conjuntos: O que pretendemos atingir está claro.
- Comprometimentos conjuntos: Discutimos explicitamente o papel e comprometimentos de cada um.
- Recursos conjuntos: Temos os recursos necessários para fazer o nosso trabalho.
- Riscos conjuntos: Os riscos que enfrentamos estão sob controle.

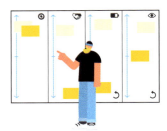

Lucas acha:

- Objetivos conjuntos: O que pretendemos atingir está claro.
- Comprometimentos conjuntos: Nossos papéis são implícitos; comprometimentos mútuos não foram discutidos.
- Recursos conjuntos: Faltam recursos essenciais para fazer nosso trabalho.
- Riscos conjuntos: Alguns estão sob controle e outros são subestimados.

3
Reconheça o resultado
Qual é o resultado coletivo?

Projeto X

Mara acha:

- Objetivos conjuntos: Alguns objetivos estão claros; outros, não.
- Comprometimentos conjuntos: Alguns foram discutidos e alguns são implícitos.
- Recursos conjuntos: Alguns estão disponíveis, mas não são suficientes para o nosso trabalho.
- Riscos conjuntos: Alguns estão sob controle e alguns são subestimados.

Jeremy acha:

- Objetivos conjuntos: Não está claro o que pretendemos atingir juntos; estou confuso.
- Comprometimentos conjuntos: Nossos papéis são implícitos; comprometimentos mútuos não foram discutidos.
- Recursos conjuntos: Faltam-nos recursos essenciais para fazer nosso trabalho.
- Riscos conjuntos: Os riscos que enfrentamos são subestimados.

O momento de "descoberta". A exibição dos votos desencadeia a consciência e o reconhecimento de problemas no grupo.

Etapa 2: Refletir

Identifique falhas de perceção e discuta para entender as causas.

A distribuição vertical de votos ajuda a equipe a entender se cada membro está em posição de contribuir com êxito e seu nível de alinhamento, i.e., se os membros partilham a mesma perceção.

O voto ideal ocorre quando todos estão na zona verde. Se um participante der todos os seus votos na zona verde, ele mostra que:

1. Os objetivos são claros.
2. Comprometimentos foram acordados explicitamente.
3. Recursos estão disponíveis para fazer seu trabalho.
4. Riscos estão sob controle.

Em outras palavras, o voto na zona verde mostra que existem exigências mínimas para uma contribuição pessoal bem-sucedida. Quando toda a equipe vota da mesma forma, os membros estão bem alinhados, e é provável que ela esteja no caminho do sucesso, pois todos acham que contribuirão com eficiência.

A equipe também pode estar mal alinhada, quando a maioria dos votos se concentra na parte inferior vermelha. Isso mostra que os membros não podem contribuir. Qualquer outro padrão de voto na zona vermelha sinaliza um problema para um ou mais membros, que algo está confuso ou ausente e deve ser tratado de imediato.

Resumindo, a posição vertical dos votos mostra se uma exigência é atendida ou não; quanto mais alta a posição, melhor. A concentração de votos mostra alinhamento da equipe, e a dispersão, falta dele. Quanto mais votos se concentrarem no topo, na zona verde, maior a chance de sucesso. Quanto mais votos estiverem dispersos ou concentrados embaixo, na zona vermelha, mais provável é que ocorram problemas ao trabalharem juntos. Nesse caso, pare, converse e faça reparos antes que seja tarde.

4
Interprete o voto

Surpreso ou não?
São mais positivos ou negativos para nós?
Onde estão os problemas?

Zona Verde
Maior probabilidade de sucesso

(Todos os votos no terço superior do mapa)

Tudo bem a maioria dos votos estar na zona verde. A equipe está alinhada e pronta para a tarefa. Não é preciso discutir mais; é hora de voltar ao trabalho.

Zona Vermelha
Menor probabilidade de sucesso

(Um ou mais votos nos dois terços inferiores do quadro)

Problemas são iminentes quando um ou mais votos estão na zona vermelha. As exigências para colaboração bem-sucedida não são cumpridas por um ou mais membros. Melhor discutir e entender onde estão os problemas e como repará-los antes que seja tarde.

Exemplo 1: Vá em frente
Este é o voto ideal. A equipe está alinhada de modo positivo e confiante de que todos contribuirão com êxito.

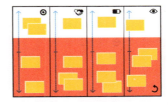

Exemplo 2: Pare e converse
Discuta e esclareça as quatro variáveis. Alguns membros acham que as exigências estão claras (votos no topo), outros acham que nada está bem (votos na parte inferior). Essa dispersão mostra o maior nível de falta de alinhamento.

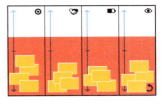

Exemplo 3: Pare e converse
Discuta as quatro variáveis. O alinhamento da equipe é negativo: todos os membros acham que nada está bem.

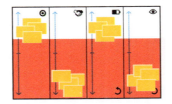

Exemplo 4: Pare e converse
A equipe discutirá por que comprometimentos e riscos são tão baixos. Para todos os membros, os comprometimentos conjuntos são confusos, e os riscos conjuntos, subestimados. Objetivos conjuntos parecem claros, e recursos estão disponíveis para a equipe.

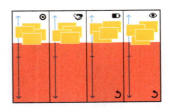

Exemplo 5: Pare e converse
Discuta as quatro variáveis com urgência. Todos os membros deram voto neutro. Isso é comum em projetos não prioritários ou quando os membros estão desengajados ou não querem falar.

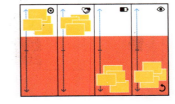

Exemplo 6: Pare e converse
Discuta as duas últimas variáveis. Objetivos e comprometimentos conjuntos estão claros, mas há uma falta crítica de recursos, e os riscos são um tanto subestimados. Esse voto é comum em startups. Discuta as duas últimas variáveis.

1.3 Mantendo os Membros da Equipe no Rumo Certo (Modo de Avaliação)

5
Analise os problemas

O que causa os problemas?
O que causa falhas de percepção?
O que impede a exigência de estar na zona verde?

O objetivo desta etapa é discutir os votos na zona vermelha e o que causa falhas na perceção — as perguntas-gatilho na próxima página são úteis.

    O tempo de discussão varia dependendo da situação. Por exemplo, o problema de falta de um recurso, como um desenvolvedor de software pedindo mais três dias de trabalho, é de fácil compreensão. Problemas sobre objetivos obscuros, comprometimentos ou riscos implícitos precisarão de mais tempo para ser entendidos.

Perguntas-gatilho para analisar problemas

Estas questões ajudam a despertar o pensamento coletivo e mergulhar fundo em possíveis problemas. A seguinte regra geral facilita a análise:

1. Faça uma pergunta.
2. Ouça as respostas.
3. Resuma e partilhe para validar a compreensão.

Questões de alto nível

O que sente sobre esse voto?

O que acha que é o problema?

Vá mais fundo

Objetivos Conjuntos

- O que devemos realizar em conjunto, concretamente?
- O que tornará o projeto um sucesso?
- O que devemos entregar?
- Como será o resultado final?
- Que desafios enfrentaremos?
- Qual é o plano?

Comprometimentos Conjuntos

- Quem fará o quê? Com quem? Para quem?
- Qual é o papel e a responsabilidade de cada um?
- O que esperamos uns dos outros, exatamente?

Recursos Conjuntos

- De que recursos precisamos?
- O que falta para cada um fazer a sua parte?

Riscos Conjuntos

- O que nos impedirá de ter êxito?
- Qual é o pior cenário imaginável?
- Qual é nosso plano B?

1.3 Mantendo os Membros da Equipe no Rumo Certo (Modo de Avaliação)

Etapa 3: Corrigir

Corrigir significa tomar medidas concretas para garantir que os votos na zona vermelha sejam mudados para a verde na próxima votação.

O que causa os problemas é entendido, e é hora de corrigir a situação. É preciso oferecer mais informações ou tomar decisões. As ações corretivas resultantes variam muito:

- Esclareça ou adapte algo (missão, período e o conteúdo das quatro colunas).
- Remova ou adicione novo conteúdo ao mapa.
- Tome decisões fora do MAE, mude prioridades, divida o projeto em dois ou três etc.

Como mostramos em 7, uma votação final é realizada para validar o impacto das ações corretivas e ver se resta algum problema. A avaliação foi bem-sucedida se a maioria dos votos estiver agora na zona verde.

6
Decida e anuncie as ações corretivas

Que ações/medidas concretas devemos tomar para corrigir a situação?

O que pode ser feito para ter a maioria dos votos na zona verde na próxima vez?

Mais questões para tomar decisões e agir

- E agora? O que devemos fazer, concretamente?
- Que medidas devemos tomar agora? Qual é a prioridade?
- O que faremos a partir daqui? O que decidimos?
- Quais são os próximos passos imediatos?

+
Corrigir a missão e o período
- Esclarecer a missão
- Reestruturar a missão
- Rever o alcance
- Ampliar o período

+
Corrigir as quatro variáveis
- Esclarecer
- Adicionar
- Remover
- Adaptar

+
Corrigir fora do MAE
- Mudar prioridades
- Dividir o projeto em subprojetos
- Alocar para uma equipe diferente etc.

7
Validação da equipe

Você acha que pode fazer a sua parte agora?

Os novos votos estão na zona verde: ótimo! A situação foi corrigida, e todos podem voltar ao trabalho.

Caso alguns votos continuem na zona vermelha: infelizmente, ainda há alguns problemas. Neste caso, prevalecerá o pragmatismo: a equipe e/ou o líder decide recomeçar o ciclo de análise ou seguir adiante.

Quando Avaliar

Há dois tipos de avaliação: no início do projeto (mais frequente) e mais tarde (menos frequente). A necessidade de alinhamento é maior no início e decresce com o tempo à medida que os membros reúnem consenso (veja Mergulhe Mais Fundo, p. 252). Mas mudanças no contexto e em informações podem criar pontos cegos perigosos a serem superados com rápidas validações ad hoc.

Avaliações de prontidão
"Estamos tendo um bom começo?"

Avaliações de correção de problemas
"Ainda estamos no rumo certo?"

O quê?	• Estamos prontos para trabalhar? • Todos os membros entregarão de modo ótimo? • Devemos começar ou precisamos nos preparar mais? • Quais são nossas chances de sucesso?	• Cada membro ainda pode ter um desempenho ótimo? • Alguma mudança criou pontos cegos perigosos? • Ainda estamos no caminho para o sucesso?
Quando?	• Reuniões semanais ce coordenação (10 minutos antes do fim da reunião) • Reuniões de iniciação do projeto (no início ou meio da reunião)	• Reuniões de execução do projeto (10 minutos antes do fim da reunião) • Reuniões on-demand (no início da reunião)
Quantas?	Mais frequentes (até o início real) • Diárias • Semanais • On-demand	Menos frequentes (após o início real) • Mensais • Trimestrais • Semestrais • On-demand

1.3 Mantendo os Membros da Equipe no Rumo Certo (Modo de Avaliação)

Estudo de caso
Empresa de saúde
500 empregados

Cumpriremos o Prazo?

Simone é a chefe regional de uma empresa de saúde de médio porte. Seus gestores de projeto administram cinco projetos em média e se queixam de excesso de trabalho. Correm boatos de que o projeto de gestão de relacionamento do cliente (CRM), que é prioritário em termos de negócios, não será completado no prazo. Com o quê Simone deve se preocupar?

1
Revelar

Simone organiza uma avaliação on-demand para correção de problemas para entender se o projeto será ou não concluído no prazo. A equipe de quatro é convocada, e eles votam. Os resultados mostram que há um problema com os recursos conjuntos. Todos os membros concordam que eles não são suficientes para concluir a tarefa como esperado.

Adaptado de S. Mastrogiacomo, S. Missonier e R. Bonazzi, "Talk Before It's Too Late: Reconsidering the Role of Conversation in Information Systems Project Management", Journal of Management Information Systems *31 nº 1 (2014) 47–78.*

2
Refletir

A equipe reflete: Os membros relatam excesso de trabalho que gera constante falta de tempo para concluir todas as tarefas e incapacidade de cumprir prazos. Simone constata que alguns membros trabalham em tarefas não prioritárias, fora do escopo do projeto e além de sua responsabilidade.

Houve mudanças recentes na organização, e essas informações não chegaram à equipe. Esse é o ponto decisivo da reunião: Os membros se dão conta de que não sabiam dessas mudanças.

3
Corrigir

Simone explica que algumas atividades não precisam mais ser realizadas pela equipe, pois logo serão terceirizadas. Ela esclarece as novas prioridades e os objetivos do projeto CRM à equipe. Os membros ficam aliviados e confirmam com um novo voto que nessas condições todos realizarão suas partes no prazo.

O projeto CRM acaba sendo entregue no tempo certo.

1.3 Mantendo os Membros da Equipe no Rumo Certo (Modo de Avaliação)

Faça Sua Primeira Avaliação

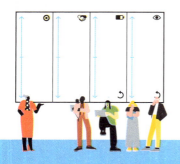
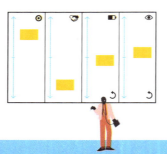

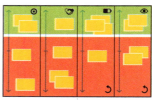

1
Revelar

2
Refletir

Anuncie a missão, o projeto ou o tema
- Qual é o desafio?

Vote individualmente
- Você acha que pode fazer a sua parte?

Reconheça o resultado
- Qual é o resultado coletivo?

Interprete o voto
- Surpreso ou não? É mais positivo ou negativo para nós?
- Onde estão os problemas?

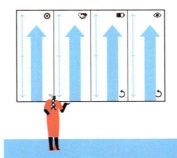

**3
Corrigir**

Analise os problemas
- O que causa os problemas?
- O que causa as falhas de perceção?
- O que impede essa exigência de estar na zona verde?

Decida e anuncie as ações corretivas
- Que ações/medidas concretas devemos tomar para corrigir a situação?
- O que fazer para que a maioria dos votos fique na zona verde da próxima vez?

Validação da equipe
- Você acha que agora pode fazer a sua parte?

Ponha o Mapa em Ação

Como Usar o Mapa de Alinhamento de Equipes

"Informação é uma diferença que faz a diferença."

Gregory Bateson, antropólogo

Visão Geral

Iniciando com reuniões bem-sucedidas como componentes, aprenda técnicas para aplicar o Mapa de Alinhamento de Equipes em reuniões, em projetos (adicione tempo) e em organizações (adicione tempo e equipes).

2.1
O Mapa de Alinhamento de Equipes para Reuniões

Tenha reuniões mais produtivas e estimulantes.

2.2
O Mapa de Alinhamento de Equipes para Projetos

Reduza o risco para o projeto e problemas de execução.

2.3
O Mapa de Alinhamento de Equipes para Alinhamento Organizacional

Consiga alinhamento entre líderes, equipes e departamentos para desfazer silos internos.

2.1

O Mapa de Alinhamento de Equipes para Reuniões

Tenha reuniões mais produtivas e estimulantes.

Técnicas para Realizar Reuniões Mais Produtivas e Estimulantes

Fuja de conversas que geram um círculo interminável. Use o MAE nas reuniões para motivar as pessoas a passar da conversa à ação, focar a equipe e ajudar a todos a agir.

Recomendado para agir

Use o MAE para ajudar os participantes a passarem à ação, coordenarem-se e agirem como equipe.

Não recomendado para explorar

Não use o MAE para pensar ou debater. A ferramenta não foi desenhada para apoiar discussões de exploração.

Foque a equipe
p. 120

Estruture a conversa e passe menos tempo em reuniões confusas e monótonas.

Melhore o engajamento dos membros da equipe
p. 122

Deixe cada membro ser uma força motivadora.

Aumente o impacto da reunião
p. 124

Menos blá-blá-blá, mais ação.

Tome decisões com base em informações
p. 126

Revele pontos cegos de colaboração e problemas com tom de voz neutro.

2.1 O Mapa de Alinhamento de Equipes para Reuniões

Foque a Equipe

Estruture a conversa e passe menos tempo em reuniões confusas e monótonas.

O MAE pode ser usado para encerrar reuniões e focar a equipe nos próximos passos concretos. Isso estimula a organização de reuniões mais efetivas. Reuniões se tornaram impopulares e são consideradas perda de tempo. Mas elas não são o problema: a interação direta é a melhor tecnologia de colaboração do mundo (Mergulhe Mais Fundo, O Impacto dos Canais de Comunicação na Criação de Consenso, p. 264). O problema é o que se discute nas reuniões. O MAE ajuda a estruturar a conversa em ordem lógica, facilitando entender, participar e concordar sobre o que virá em seguida.

Use o método timebox para reuniões com o MAE

1. Use o timebox para sua reunião (30, 60, 90 minutos)
2. Compartilhe a agenda
3. Discuta os tópicos
4. Conclua a reunião com um passe para frente e para trás com o MAE para esclarecer quem fará o quê
5. Compartilhe uma foto do MAE

O MAE pode ser preenchido aos poucos desde o início da reunião. Tópicos são discutidos, e, quando uma ação concreta precisa ser tomada, cria-se um objetivo conjunto e realizam-se o passe para frente e o passe para trás.

Use o Mapa de Alinhamento de Equipes para

- Acelerar interações e poupar tempo.
- Focar a discussão, reduzir a confusão.

Mapa de Alinhamento de Equipes

Missão: *Período:*

Objetivos Conjuntos	Comprometimentos Conjuntos	Recursos Conjuntos	Riscos Conjuntos

AGENDA

1 INTRO - 10 min.

2 MAE - 30 min.

3 P&R - 25 min.

2.1 O Mapa de Alinhamento de Equipes para Reuniões

Melhore o Engajamento dos Membros da Equipe

Cansado de ser a força motivadora da equipe?

Estruture a missão como um desafio atrativo para toda a equipe. Falta de engajamento e de senso de propriedade começa com falta de participação. Estruture a missão como uma pergunta desafiadora e deixe que cada membro responda no MAE. Responder em conjunto cria maior nível de engajamento e energia. Deixar que cada participante prepare e responda em 2-5 minutos dá a todos (introvertidos, em especial) uma voz e promove a criatividade e a perceção de equidade na equipe.

Estruture a missão como uma pergunta desafiadora

1. Estruture a missão como uma pergunta, um desafio ou um problema que todos entendam. Comece com: "Como faremos…?", "Como podemos…?", "Como iremos…?".
2. Garanta que todos entendam a pergunta.
3. Dê 5 minutos para o preparo individual (passe para frente).
4. Aloque 2 minutos por participante para apresentar seu passe para frente.
5. Consolide e realize o passe para trás em conjunto.

Use o Mapa de Alinhamento de Equipes para

- Engajar os membros emocionalmente, criar um mindset de "estamos nisso juntos".
- Reunir o pessoal como uma verdadeira equipe, alinhar metas pessoais e coletivas.

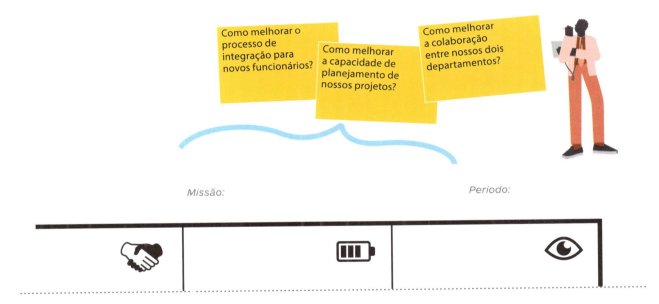

2.1 O Mapa de Alinhamento de Equipes para Reuniões

Aumente o Impacto da Reunião

Menos blá-blá-blá, mais ação.

Ninguém está no comando? O objetivo fica arriscado. Pare com conversa fiada e fofocas estimulando a equipe a concordar sobre o que deve ser feito e por quem. Garanta que a contribuição de todos seja visível no MAE, e entendida e acordada pelos membros para ter impacto máximo. Conscientize todos de que objetivos de que ninguém cuida correm o risco de dar em... nada.

Use o Mapa de Alinhamento de Equipes para

- Passar da conversa à ação, saber quem faz o quê.
- Ser realista; objetivos sem comprometimento são riscos.

Passe da conversa à ação com comprometimentos claros

1. Realize um passe para frente e um passe para trás.
2. Garanta que todo objetivo conjunto tenha um comprometimento conjunto; defina um prazo, se necessário.
3. Torne todos os objetivos oscilantes (sem comprometimento conjunto) em riscos conjuntos (quarta coluna).
4. Compartilhe uma foto do MAE.

Mapa de Alinhamento de Equipes

Missão: *Período:*

Objetivos Conjuntos ◉	Comprometimentos Conjuntos 🤝	Recursos Conjuntos 🔋	Riscos Conjuntos 👁

2.1 O Mapa de Alinhamento de Equipes para Reuniões

Tome Decisões com Base em Informações

Revele pontos cegos de colaboração e problemas e tome decisões melhores para avançar ou recuar.

O voto com o modo de avaliação do MAE ajuda os membros da equipe a ver seu provável sucesso. Avaliações revelam falhas de percepção, e uma equipe alinhada terá mais probabilidade de vencer que uma não alinhada. Economize o orçamento: avaliações são rápidas, portanto, não perca uma chance barata de visualizar a falta de alinhamento e decida se é necessário alocar mais recursos ou se preparar melhor.

Avalie o preparo da equipe e corrija problemas com o MAE

1. Faça uma avaliação MAE (p. 102).
2. Use os votos para tomar uma decisão.

Dicas

- Agende outra reunião depressa se o tempo for curto e problemas forem resolvidos com facilidade. No fim da segunda reunião, faça outra avaliação para confirmar que os problemas foram tratados de modo adequado.

Use o Mapa de Alinhamento de Equipes para

- Detectar problemas e revelar pontos cegos de modo proativo.
- Tomar decisões com base em informações para avançar ou recuar, economizar no orçamento.

126

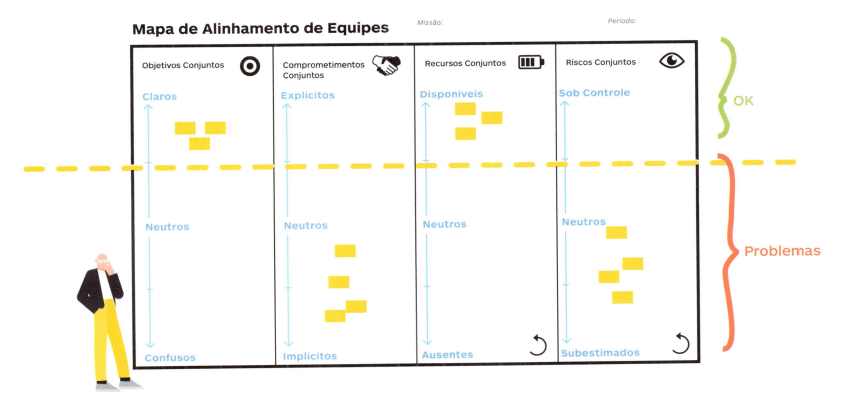

2.1 O Mapa de Alinhamento de Equipes para Reuniões

Estudo de Caso
Organização humanitária
36 mil empregados

Nós Realmente Concordamos?

Yasmine trabalha em uma organização humanitária com sede na Europa. Ela é encarregada dos processos de RH no mundo todo com um novo Sistema de Informações de RH (SIRH). A missão foi designada pelo CEO, e o projeto envolve 13 participantes de 5 países diferentes. Todos parecem concordar com o CEO, mas Yasmine tem dúvidas. Ela decide avaliar a equipe do projeto com um Mapa de Alinhamento de Equipes. Sua intuição estava certa?

Padronizar salários, férias e gestão de contratos em SIRH

Missão imposta pelo CEO

1
Revelar
Os votos revelam que a participação está bem alinhada em objetivos, recursos e riscos conjuntos, mas parece haver problemas com os comprometimentos conjuntos.

S. Mastrogiacomo, S. Missonier e R. Bonazzi, "Talk Before It's Too Late: Reconsidering the Role of Conversation in Information Systems Project Management", Journal of Management Information Systems *31 nº 1 (2014) 47–78.*

2
Refletir

Falhas de perceção são discutidas para a coluna de comprometimentos conjuntos. A equipe logo nota que o problema não é o comprometimento. A missão é ambígua e compreendida de forma diferente por todos, então os objetivos são elevados demais. Todos se comprometeram com uma interpretação diferente da missão, o que tornou o problema visível.

3
Corrigir

A equipe decide dividir a atual missão em duas submissões e projetos criando três novos Mapas de Alinhamento de Equipes. Ela realiza um passe para frente e um passe para trás para cada um e organiza três votações de validação depois. Os votos confirmam que a equipe está alinhada e confiante sobre o que ocorrerá a seguir. Yasmine está muito aliviada.

2.1 O Mapa de Alinhamento de Equipes para Reuniões

Dicas de Profissionais

Lidando com divergências e falta de clareza

Passe itens confusos para a coluna de riscos conjuntos. O propósito de uma sessão de alinhamento é criar clareza e concordância entre as pessoas. Quanto o conteúdo do MAE for percebido como ambíguo ou houver desacordos na reunião, ponha-o na coluna de riscos conjuntos para discussão posterior. Passe-o para a coluna certa só se o item estiver claro e for acordado pela equipe.

Nosso MAE está muito grande

Continue com o quadro. Isso costuma ocorrer durante o passe para trás, quando mais conteúdo é colocado nas colunas de objetivos e comprometimento conjuntos.

Como lidar com stakeholders ausentes e retardatários

Informe rapidamente todos os retardatários para poderem participar da discussão e contribuir. O sucesso da equipe surge de seu consenso. Organize reuniões individuais quando stakeholders-chave perderem reuniões; mantê-los informados é essencial para o êxito da equipe.

Identificação de riscos: Considere emoções como KPIs.

Use medos, objeções e quaisquer reações emocionais como gatilhos para identificar problemas. Somos biologicamente programados para prever problemas: medo, raiva, tristeza e repulsa podem sinalizar possíveis riscos ocultos. O Localizador de Fatos (veja p. 204) ajudará a fazer boas perguntas e revelar problemas ocultos por trás de emoções negativas.

2.2

O Mapa de Alinhamento de Equipes para Projetos

Reduza os riscos do projeto e os problemas de execução.

Energia e recursos significativos se perdem em projetos quando stakeholders-chave não estão bem alinhados. As informações não fluem bem, e problemas de execução geram excesso de custos e tempo, má qualidade ou falta de satisfação do cliente. Criar e compartilhar uma visão inicial do que deve ser feito e manter um alto nível de alinhamento ao longo do tempo devem ser prioridade para qualquer líder ou gestor de projeto, assim como é dever de qualquer stakeholder ficar informado e partilhar novas informações.

Recomendado para projetos

Para qualquer equipe de projeto, nova ou experiente. Use essas técnicas de modo independente ou como suas ferramentas de gestão preferidas, quer você esteja adotando os princípios de gestão de projetos Waterfall ou Agile.

Não recomendado para operações

Não é útil para equipes operacionais, i.e., que realizam atividades estáveis, de alto volume e recorrentes, a menos que haja um projeto à vista.

Comece os Projetos com o Pé Direito
p. 138
Estruture a conversa e gaste menos tempo em reuniões confusas e monótonas.

Mantenha o Alinhamento ao Longo do Tempo
p. 140
Fique em sincronia em todo o ciclo de vida do projeto.

Monitore o Progresso das Tarefas
p. 144
Alinhe e acompanhe o progresso em um único pôster com o Kanban de Alinhamento de Equipes.

Reduza Riscos (Enquanto Se Diverte)
p. 148
Diminua os riscos visualmente em equipe.

Alinhe Equipes Divididas
p. 150
Supere a barreira da distância usando murais online.

2.2 O Mapa de Alinhamento de Equipes para Projetos

Comece os Projetos com o Pé Direito

Custa menos do que começar mal.

O MAE ajuda a criar um amplo quadro geral depressa, em que cada participante encontra seu lugar, quer a equipe esteja envolvida no plano de um projeto (Waterfall) ou plano de liberação (Agile).

Criar um sólido alinhamento inicial exige mais esforço, mas os benefícios serão tangíveis durante todo o projeto.

Ignorar o alinhamento inicial não é uma boa ideia. A necessidade de coordenação e de comitês de crise explode depressa nas equipes que começam a trabalhar de imediato com membros mal alinhados. Nada supera um bom início ao se engajar em um projeto.

Comece projetos com uma sessão MAE

1. Crie ou valide alinhamento sobre quem está fazendo o quê com o MAE antes de agir.
2. Ao iniciar um projeto, realize uma sessão MAE. A experiência diz que é melhor adiar o começo até que se tenha alinhamento suficiente.

Use o Mapa de Alinhamento de Equipes para

- Dar um impulso inicial ao alinhamento e aumentar as chances de sucesso.
- Ter mais tranquilidade e controle sobre as fases de execução.

138

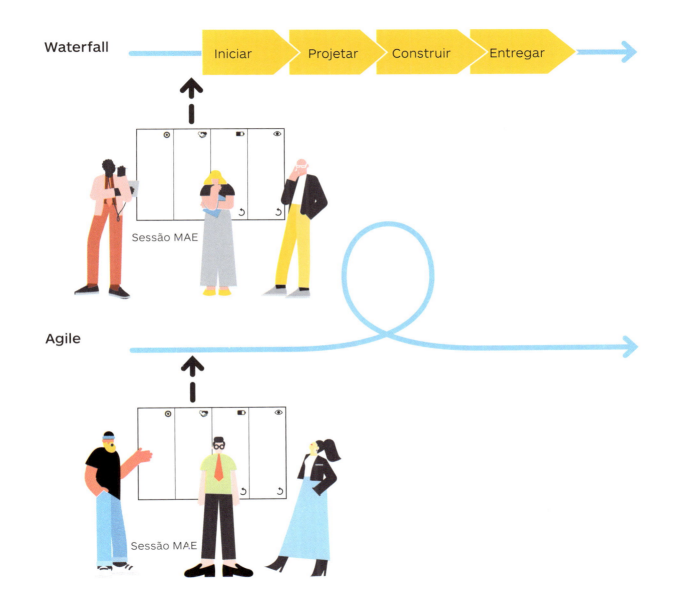

2.2 O Mapa de Alinhamento de Equipes para Projetos

Mantenha o Alinhamento ao Longo do Tempo

Fique em sincronia em todo o ciclo de vida do projeto.

Os esforços de alinhamento são similares durante todo o projeto? Não; em equipes que têm bom alinhamento inicial, esses esforços diminuem com o tempo — ao contrário de equipes que iniciam projetos com membros mal alinhados e enfrentam problemas crescentes devido a falhas de perceção.

Inicie projetos com uma sessão MAE

1. **Projetos Waterfall:** Use o MAE semanal ou mensalmente durante a fase de iniciação e planejamento, e, então, só se for preciso nas fases de execução e entrega.
2. **Projetos Agile:** Use uma rápida sessão MAE a cada início de ciclo. As sessões se tornarão mais curtas com o tempo.

Use o Mapa de Alinhamento de Equipes para
- Investir no esforço de alinhamento certo no momento adequado.
- Evitar excesso de colaboração.

Necessidades de alinhamento em projetos Waterfall

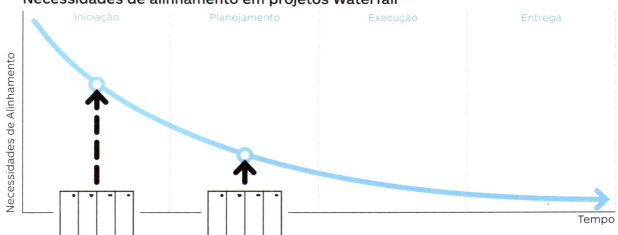

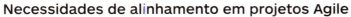

Necessidades de alinhamento em projetos Agile

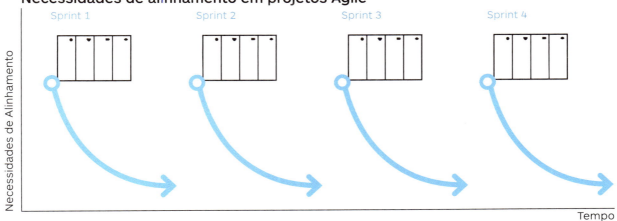

2.2 O Mapa de Alinhamento de Equipes para Projetos

Quatro Modos Fáceis de Manter o Alinhamento com o MAE

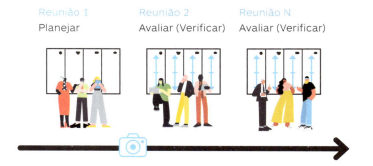

Semanalmente

Crie um MAE inicial e partilhe-o com todos os membros da equipe. Na próxima sessão, crie um novo MAE para o período seguinte com base na foto do MAE anterior.

Inicialmente e com verificações

Faça uma sessão MAE no início e partilhe uma foto com a equipe. Faça só avaliações rápidas para confirmar que tudo caminha bem no fim das reuniões seguintes. Atualize o MAE inicial, se preciso.

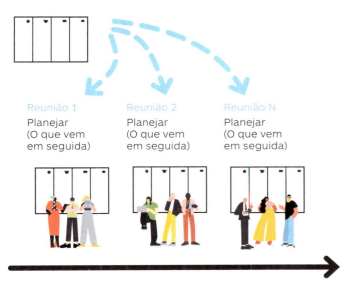

O projeto na íntegra e semanalmente

É criado um MAE para todo o projeto. Novos MAEs são criados para cobrir só o trabalho de uma semana.

Verificações rápidas

Para equipes que trabalham com outras ferramentas e métodos de gestão de projetos, faça verificações rápidas com o MAE no fim de reuniões-chave.

2.2 O Mapa de Alinhamento de Equipes para Projetos

Monitore o Progresso das Tarefas

Como usar o MAE estilo Kanban para alinhar e monitorar o trabalho em um um único mural.

Alinhamento da equipe e monitoramento de tarefas são duas atividades diferentes, e tarefas costumam ser monitoradas por plataformas de gestão de projetos. Há uma solução de baixo custo que funciona em projetos pequenos e médios: ponha um MAE no mural e adicione três colunas simples para simular um quadro Kanban.

Use o Mapa de Alinhamento de Equipes para

- Alinhar e monitorar o progresso em um único mural.
- Beneficiar-se de uma solução fácil e barata.

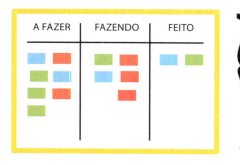

O Quadro Kanban oferece uma estrutura simples e potente para o progresso. Tarefas (notas coloridas) são movidas entre três colunas, e **A Fazer** contém o trabalho acordado pendente; **Fazendo**, as tarefas em que os membros estão atuando; e **Feito**, o trabalho que foi concluído.

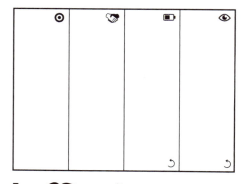

A coluna **Backlog** é um "inbox" para guardar ideias e objetivos ainda não discutidos e validados pela equipe.

Quando combinadas, as colunas de objetivos e de comprometimentos conjuntos contêm o **A Fazer** de um Quadro Kanban tradicional.

Resto do Quadro Kanban.

144

Monitore o progresso com um Mapa de Alinhamento de Equipes estilo Kanban

1. Defina a missão.
2. Anote novas ideias e objetivos na coluna de Backlog.
3. Realize um passe para frente e um passe para trás para itens prioritários.
4. Comece a passar os objetivos e comprometimentos conjuntos (a fazer) para as colunas Fazendo e Feito à medida que os membros da equipe fazem e completam seu trabalho.

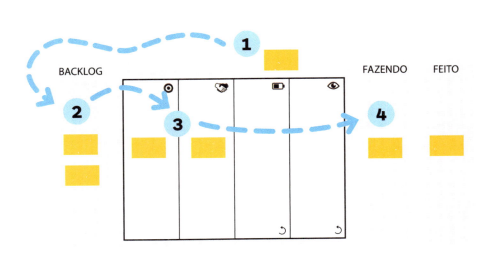

2.2 O Mapa de Alinhamento de Equipes para Projetos

O MAE Estilo Kanban na Prática

**Organize o mural em três áreas principais:
Coletar, Esclarecer e Monitorar.**

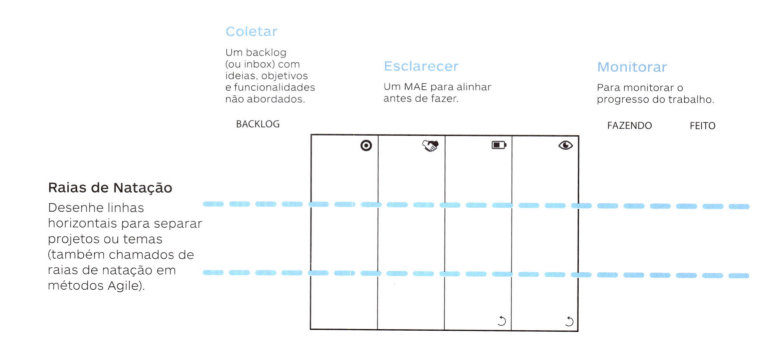

Coletar
Um backlog (ou inbox) com ideias, objetivos e funcionalidades não abordados.

BACKLOG

Esclarecer
Um MAE para alinhar antes de fazer.

Monitorar
Para monitorar o progresso do trabalho.

FAZENDO   FEITO

Raias de Natação
Desenhe linhas horizontais para separar projetos ou temas (também chamados de raias de natação em métodos Agile).

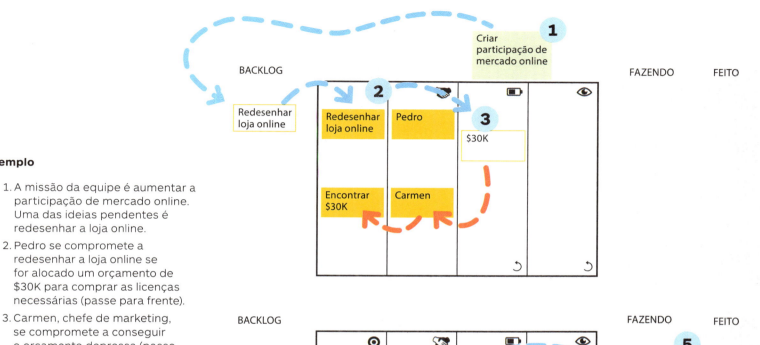

Exemplo

1. A missão da equipe é aumentar a participação de mercado online. Uma das ideias pendentes é redesenhar a loja online.
2. Pedro se compromete a redesenhar a loja online se for alocado um orçamento de $30K para comprar as licenças necessárias (passe para frente).
3. Carmen, chefe de marketing, se compromete a conseguir o orçamento depressa (passe para trás).
4. Carmen anuncia que o orçamento está OK, e Pedro começa a redesenhar o projeto. Eles passam seus compromissos conjuntos (A fazer) para as colunas Fazendo e Feito.
5. As colunas Fazendo e Feito mostram a qualquer momento quem está trabalhando no quê e o que foi concluído.

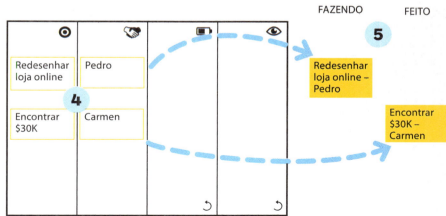

147

2.2 O Mapa de Alinhamento de Equipes para Projetos

Reduza Riscos (Enquanto Se Diverte)

Diminua os riscos visualmente em equipe.

Equipes de projeto podem ignorar a gestão de risco. De fato, passar horas preenchendo uma planilha de projeto linha por linha pode parecer uma tarefa desagradável.

Este exercício pode se tornar mais satisfatório se feito em conjunto visualmente durante uma sessão de alinhamento; é a razão de ser do passe para trás. Remover notas adesivas é remover problemas — e demonstra uma progressão tangível e motiva a equipe.

Desempenhe e enfatize o passe para trás

1. Realize um passe para frente e um passe para trás para o projeto.
2. Insista no passe para trás: Garanta que as duas últimas colunas sejam devidamente esvaziadas e não contenham elementos críticos.
3. Agende uma reunião adicional se o prazo for curto.
4. Valide com uma votação em equipe; partilhe uma foto do MAE e dos votos.

Use o Mapa de Alinhamento de Equipes para

- Diminuir os riscos do projeto de modo uniforme.
- Aumentar a responsabilidade da equipe em relação à gestão de riscos.

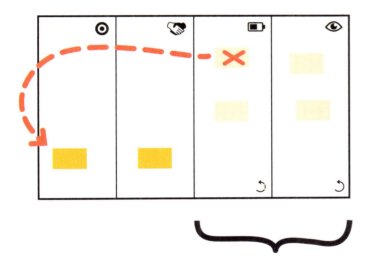

Desafie a equipe a esvaziar totalmente estas duas colunas.

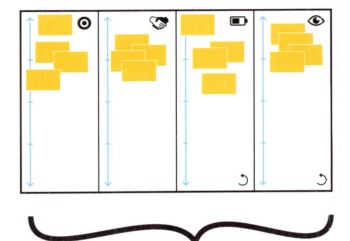

Conclua com um voto de validação (o melhor voto de validação possível é mostrado aqui).

2.2 O Mapa de Alinhamento de Equipes para Projetos

Alinhe Equipes Divididas

Supere a barreira da distância usando murais online.

Equipes distribuídas podem se alinhar remotamente usando quadros online como Miro ou Mural e se beneficiar de excelentes recursos, como:

- Um canvas infinito, removendo todas as limitações físicas.
- Colaboração sincronizada ou não sincronizada.
- Conferência via chat e vídeo.
- A possibilidade de anexar vídeos e documentos, e de adicionar comentários.

Equipes on-site também podem se beneficiar desses recursos, além de resumos de atualizações, histórico de versões, arquivamento e integração com ferramentas de gestão de projeto potentes.

Use o Mapa de Alinhamento de Equipes para
- Criar um modelo em seu quadro online preferido.
- Criar e manter alinhamento remotamente.

Use uma imagem do MAE como fundo

1. Crie um modelo do MAE em seu quadro online preferido.
2. Crie e mantenha o alinhamento remotamente.

Dicas
- Use videoconferências na primeira sessão de alinhamento; elas transmitem informações não verbais.
- Crie um Mapa de Alinhamento de Equipes no estilo Kanban para alinhar e monitorar o progresso em um quadro simples (p. 158).
- Levantamentos online, em vez de quadros online, são preferíveis para realizar avaliações MAE.

150

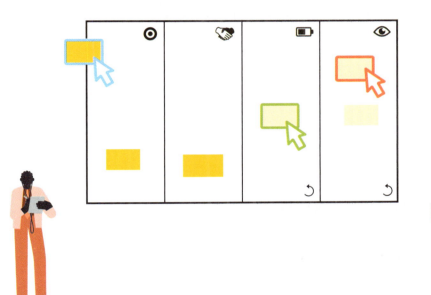

2.2 O Mapa de Alinhamento de Equipes para Projetos

Dicas de Profissional

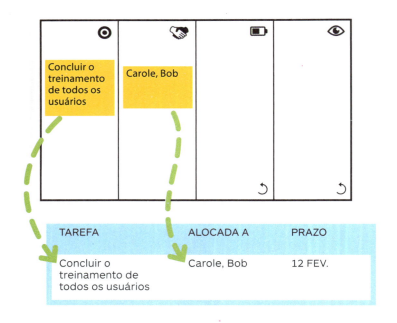

Monitore tarefas com ferramentas online

Traduza pares de objetivos-comprometimentos em tarefas e atribuições. Recursos e riscos conjuntos podem ser transferidos e alocados com a mesma abordagem.

Adicione dias de entrega e etapas

Datas e duração podem ser adicionados diretamente às notas de objetivos e comprometimentos conjuntos. Adicione etapas como objetivos conjuntos na 1ª coluna.

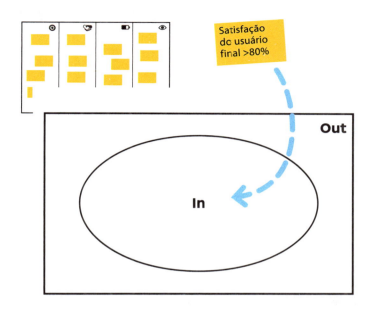

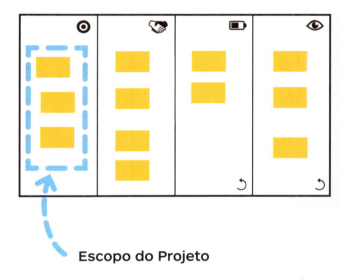

Escopo do Projeto

Adicione critérios de sucesso

Use o Contrato da Equipe para discutir e manter os critérios de sucesso (ver p. 184). O MAE foca o alinhamento de atividades conjuntas, enquanto o Contrato está voltado para as regras do jogo.

E se alguns objetivos não estiverem no Mapa de Alinhamento de Equipes?

Eles estão fora do escopo dessa missão.

2.3
O Mapa de Alinhamento de Equipes para Alinhamento Organizacional

Alinhe líderes, equipes e departamentos para desfazer silos internos.

Técnicas para Obter Alinhamento entre Equipes

Indivíduos e equipes de alto nível isolados em torres funcionais não podem implementar modelos de negócios, experiências para os clientes, produtos e serviços novos com base em novos processos. Desafios complexos só podem ser enfrentados por meio de efetiva colaboração multidisciplinar e participantes que entendem como a estratégia se transforma em ações diárias concretas a nível pessoal.

Use estas técnicas para complementar seu processo de estratégia ou ao lançar novas iniciativas estratégicas para infundir alinhamento orgânico, facilitar o trabalho multidisciplinar e engajar em escala.

✓ Recomendado para mudança orgânica de gestão

Crie mudança orgânica com um processo e linguagem partilhados, empoderando as equipes e melhorando o diálogo entre equipes e a liderança.

✕ Não recomendado sem apoio executivo

Certifique-se de que está em seu perímetro de legitimidade antes de reunir as equipes. Quanto mais multidisciplinar a iniciativa, maior deve ser o nível de apoio para evitar situações políticas negativas.

Empodere as Equipes
p. 160
Fuja do papel do super-herói exausto.

Engaje Grupos Grandes
p. 162
Engaje dezenas e centenas de pessoas.

Facilite a Colaboração entre Departamentos e Funções
p. 164
Ajude equipes multidisciplinares a terem mais êxito.

Negocie e Aloque Recursos
p. 166
Negocie recursos diretamente com seus pares e líderes.

Integre o MAE com Ferramentas de Estratégia
p. 168
Integre o MAE com o Canvas do Modelo de Negócios.

Avalie o Preparo com Iniciativas Estratégicas
p. 170
Avalie o preparo com centenas de stakeholders.

2.3   O Mapa de Alinhamento de Equipes para Alinhamento Organizacional

Empodere as Equipes

Fuja do papel do super-herói exausto.

Equipes podem ter um péssimo desempenho quando (1) seus membros não tomam decisões com base em informações porque não entendem a direção estratégica e (2) faltam condições/recursos exigidos para cada um fazer seu trabalho.

Como líder da equipe, a sessão MAE de empoderamento o ajudará nesses dois problemas. Você define e explica a direção (missão), a equipe trabalha de modo independente no "como" (passe para frente), os riscos são reduzidos, e os recursos, negociados em conjunto (passe para trás).

Essa abordagem se compara ao que chamamos "autonomia alinhada" no Spotify, a empresa de música por streaming. As equipes são empoderadas usando esta fórmula básica: autonomia = autoridade x alinhamento (Henrik Kniberg, 2014). A missão é definida pela liderança (autoridade), a equipe é responsável pelo como (passe para frente e passe para trás), e tudo ocorre com diálogo constante (alinhamento).

Use o Mapa de Alinhamento de Equipes para
- Delegar trabalho com eficiência.
- Ajudar equipes a se auto-organizar, aumentar a autonomia.

Empodere Equipes com o MAE

Funções e Responsabilidades

Líderes — O quê e por quê

- Comunique a missão: Que desafio deve ser enfrentado ou que problema deve ser resolvido e por qual motivo.
- Defina prazos curtos.
- Aloque os recursos exigidos pela equipe.

Equipes — O como

- Ache a melhor solução para o problema.
- Otimize a utilização dos recursos.
- Colabore com outras equipes, se necessário.

Reuniões rápidas de empoderamento com o MAE (60 minutos)

1. Missão (5 minutos): O líder designa uma missão clara para a equipe (o quê e por quê) e define objetivos de curto prazo (conjuntos). O líder deixa a sala e volta para a etapa 3.
2. Passe para frente (30 minutos): A equipe realiza o passe para frente de modo independente; a responsabilidade aumenta quando as equipes definem o "como".
3. Apresentação (5 minutos): O líder volta, e a equipe apresenta o passe para frente.
4. Passe para trás (20 minutos): Realizado pela equipe e pelo líder; recursos são negociados/alocados, e riscos são reduzidos adicionando, adaptando e removendo conteúdo para o MAE.
5. Validação: Validação conjunta do MAE pelo líder e pela equipe.

+
Dicas

- Estruture a missão como um desafio para criar mais engajamento (Seção 2, Melhore o Engajamento dos Membros da Equipe, p. 122).
- Use o Contrato da Equipe para definir "como colaboraremos" em termos de regras, processos, ferramentas e pontos de validação (p. 190).

Equipe   Líder

2.3 O Mapa de Alinhamento de Equipes para Alinhamento Organizacional

Engaje Grupos Grandes

Como mobilizar grupos grandes

Engajamento vem de participação. Ponto. Mobilizar grandes equipes exige energia e tempo significativos, especialmente se várias sessões de alinhamento forem necessárias. Mas vale a pena, porque, quanto maior o grupo ou a iniciativa, maior é o risco financeiro e maior a probabilidade de fracasso. É necessário um alinhamento inicial sólido para evitar ultrapassar o orçamento e outros desastres de execução.

Assim, reserve um grande espaço, divida as pessoas em subgrupos, realize reuniões paralelas para dar voz a cada participante, consolide e compartilhe os resultados antes de tomar decisões e passe à ação.

Mobilizando grandes grupos

1. Dividir (5 minutos): Divida os participantes em grupos de 4–8.
2. Alinhar subequipes (30 minutos): Realize sessões MAE paralelas designando aos grupos a mesma missão global e submissões.
3. Apresentar (5 minutos por subequipe): Cada grupo apresenta seu MAE a todos os demais.
4. Consolidar (após a reunião): Se for o caso, um facilitador reúne os resultados em um único MAE.
5. Partilhar (após a reunião): Resultados consolidados são enviados a todos os participantes, geralmente com uma lista de decisões tomadas e por que motivo.

Iterações adicionais ocorrem até que se chegue ao alinhamento ideal. Avaliações no MAE online ajudam a confirmar o nível de alinhamento em grandes grupos.

Use o Mapa de Alinhamento de Equipes para

- Aumentar a aceitação e o engajamento dos participantes.
- Reduzir riscos financeiros.

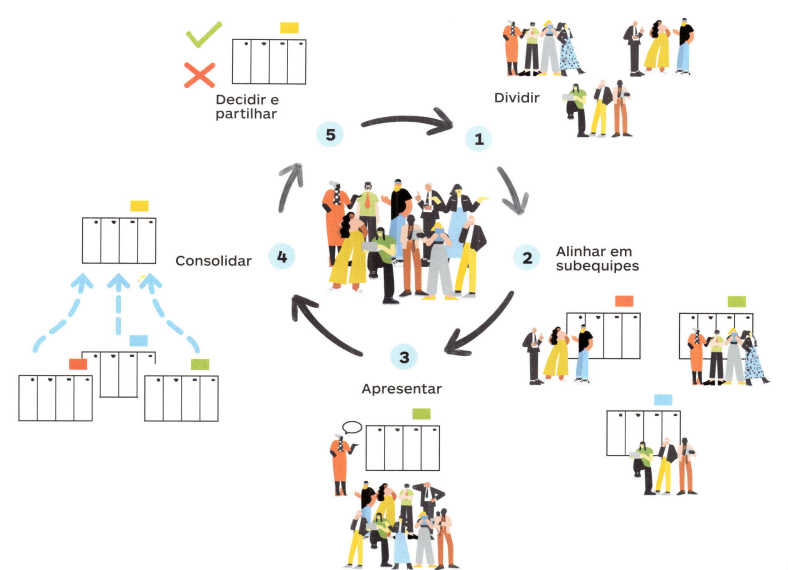

2.3   O Mapa de Alinhamento de Equipes para Alinhamento Organizacional

Facilite a Colaboração entre Departamentos e Funções

Ajude equipes multidisciplinares a terem mais êxito.

Quando missões e objetivos estão mal alinhados na organização, equipes multidisciplinares facilmente ficam presas em dependências e brigas políticas não contornáveis para conseguir recursos. A criação de um contexto de apoio para a realização do trabalho multidisciplinar começa com o alinhamento das missões de todas as equipes envolvidas, alocando objetivos de curto prazo comuns e permitindo que elas negociem objetivos partilhados. Isso é feito com o MAE durante workshops de alinhamento concentrando-se em alinhar missões e objetivos com líderes e de equipe a equipe.

Use o Mapa de Alinhamento de Equipes para

- Criar uma linguagem e um processo compartilhados, definir metas comuns.
- Desenvolver a cultura, implementar novas práticas colaborativas.

Apoie o Trabalho Multidisciplinar com o MAE

De 3 a 6 horas

1. **Missão** (10 minutos): Líderes definem e explicam uma missão global clara para as equipes (o quê e por quê) e podem adicionar objetivos conjuntos. Líderes deixam a sala e voltam para a etapa 3.
2. **Passe para frente** (1 hora): As equipes definem como contribuirão para a missão global diretamente ou criando uma submissão e realizando o passe para frente de modo independente.
3. **Apresentações** (5 minutos por equipe): Líderes voltam, e cada equipe apresenta o passe para frente às demais, o que aumenta a consciência de quem faz o quê. Líderes validam as submissões, se houver, e os MAEs.
4. **Passe para trás e negociação** (1 hora): Recursos são negociados/alocados e riscos são reduzidos equipe por equipe, adicionando, adaptando e removendo conteúdo dos MAEs. Somar novos objetivos pode desencadear um novo passe para frente e passe para trás! Líderes vão de grupo em grupo, esclarecem dúvidas e anotam os pedidos.
5. **Recapitulação e próximo passo**: Líderes recapitulam e anunciam a próxima reunião para feedback e decisões.

+ Dica
- Crie um ou mais Contratos da Equipe para esclarecer ou mudar as regras do jogo (veja p. 184).

Alinhando Missões e Metas

Líderes

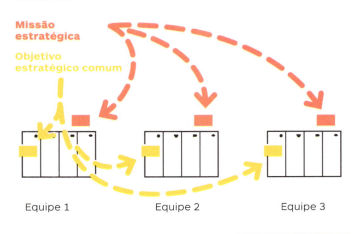

Equipes

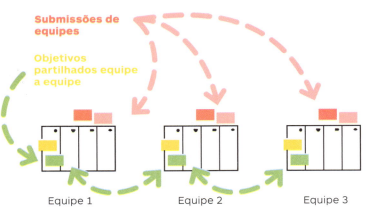

165

2.3 O Mapa de Alinhamento de Equipes para Alinhamento Organizacional

Negocie e Aloque Recursos

Negocie recursos diretamente com seus pares e líderes.

Negociar recursos é essencial para todos os projetos. Quer isso ocorra entre equipes ou com um líder, os dois princípios básicos são os mesmos:

- Consiga o recurso em falta explicando a relação entre o recurso, os objetivos conjuntos e a missão.
- Em caso de insucesso, o objetivo conjunto associado é removido ou adaptado.

Opção 1
Negociação com Liderança

- **Um passe para frente e um passe para trás** são realizados pela equipe. A apresentação é agendada com a liderança para negociar recursos faltantes.
- **Uma apresentação e negociação com líderes:** O MAE é apresentado em ordem lógica para oferecer contexto. Recursos faltantes são discutidos e negociados, e, quando indisponíveis, os objetivos associados são adaptados ou removidos.

Use o Mapa de Alinhamento de Equipes para

- Obter mais recursos com storytelling consistentes.
- Tornar a missão e os objetivos conjuntos mais realistas.

Opção 2
Negociação equipe a equipe

- **O passe para frente e o passe para trás** são realizados pelas equipes em MAEs separados.
- **Critérios de negociação** são discutidos, acordados e priorizados entre as equipes antes de negociar. Critérios podem ser medidos qualitativa (A, M, B) ou quantitativamente (1-5) e ser iguais ou ponderados (50%, 30%, 20%).
- **Apresentação e negociação:** Equipes apresentam seus MAEs para as outras, e os tradeoffs são feitos equipe a equipe segundo os critérios.

+
Que critérios têm prioridade máxima?

Urgência, impacto, valor do cliente, contribuição para a estratégia etc. Isso evita andar em círculos e faz tradeoffs significativos.

2.3 O Mapa de Alinhamento de Equipes para Alinhamento Organizacional

Integre o MAE com Processos e Ferramentas de Estratégia

Integre o MAE com o Canvas do Modelo de Negócios.

O Mapa de Alinhamento de Equipes se integra com perfeição ao Canvas do Modelos de Negócios (BMC) — uma estrutura e ferramenta para desenhar estratégias de negócios. A estratégia é operacionalizada movendo elementos de um canvas para outro e deixando que as equipes se auto-organizem. Isso permite que futuros colaboradores se sintam parte do processo e entendam o que está em jogo, além de aumentar a aceitação da equipe.

Use o Mapa de Alinhamento de Equipes para
- Operacionalizar a estratégia.
- Integrar facilmente o Canvas do Modelo de Negócios.

Palavras-chave para pesquisa: Canvas do Modelo de Negócios, Business Model Generation, Alex Osterwalder

Integre com o Canvas do Modelo de Negócios

1. Desenhe a estratégia com BMC.
2. Operacionalize objetivos estratégicos-chave com o Mapa de Alinhamento de Equipes:
   - Designando missões (Exemplo: Equipe 1).
   - Designando objetivos (Exemplo: Equipe 2).
   - Designando objetivos multidisciplinares (Exemplo: Equipe 3).
3. Deixe as equipes se auto-organizarem realizando o passe para frente e o passe para trás, possivelmente durante a implementação de workshops nos quais todas as equipes impactadas são apresentadas e interagem.

Iterações adicionais são realizadas até que se atinja o alinhamento ideal. Avaliações MAE online confirmam o nível de alinhamento.

Dicas
- Discuta as atividades-chave do seu BMC primeiro; é um bom ponto de partida.
- Procure metas estratégicas a serem cumpridas no resto do canvas.

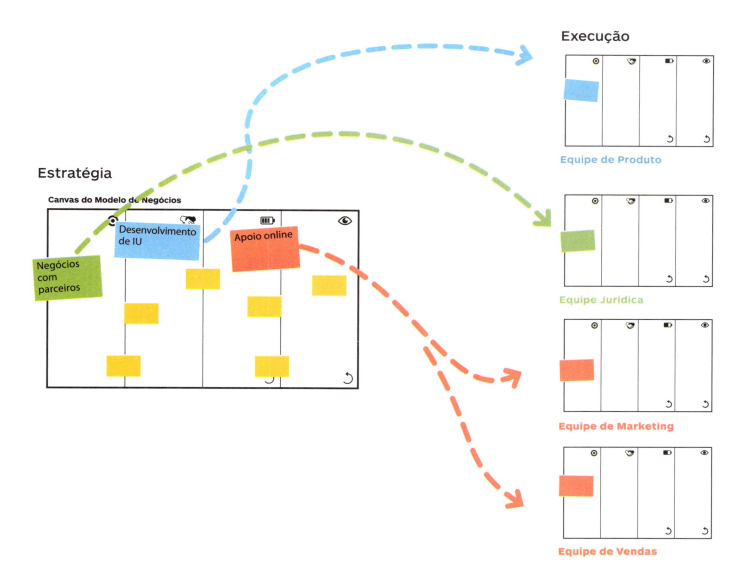

2.3 O Mapa de Alinhamento de Equipes para Alinhamento Organizacional

Avalie o Preparo com Iniciativas Estratégicas

Como avaliar as chances das iniciativas de sucesso com centenas de stakeholders.

Nossa iniciativa estratégica está bem colocada para ter êxito? Devemos nos preparar melhor? Precisamos tomar decisões e ações imediatas?

Não é fácil captar a essência de uma iniciativa estratégica com centenas de stakeholders. Avaliações rápidas online com o MAE podem ser feitas perguntando a eles se acham que podem contribuir efetivamente. O resultado agregado indica as chances de êxito da iniciativa. Não é complicado, mas pode poupar milhões à empresa. Esta avaliação pode ser realizada ao vivo com uma plataforma de votação durante grandes eventos de coordenação ou via e-mail com uma ferramenta de pesquisa.

Avalie com o MAE online

Faça a avaliação online implementando o seguinte modelo em uma ferramenta de pesquisa online:

Como contribuidor de ‹*Nome da Iniciativa*›, pessoalmente, acho que:

- Os objetivos conjuntos estão claros (1–5).
- Os comprometimentos conjuntos foram definidos; os papéis das pessoas e equipes estão claros (1–5).
- Os recursos conjuntos estão disponíveis (1–5).
- Os riscos conjuntos estão sob controle (1–5).

1 = discordo totalmente

5 = concordo totalmente

Ferramentas online usam sliders horizontais, de modo que o MAE precisa ser girado para a direita em 90°.

Dicas

- Para realizar avaliações por tema ou grupo: faça várias votações, por temas estratégicos, por projetos ou por equipes para uma avaliação mais precisa.
- Votos anônimos exigem coragem: eles podem revelar surpresas inesperadas.

Use o Mapa de Alinhamento de Equipes para

- Reduzir riscos de execução.
- Deixar que todos votem com liberdade anonimamente.

170

Diferenças entre avaliações online e no papel

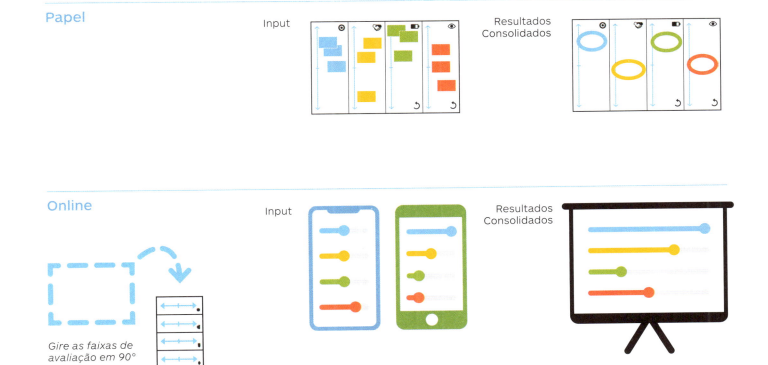

2.3 O Mapa de Alinhamento de Equipes para Alinhamento Organizacional

Estudo de Caso
Empresa de Seguros
71 mil empregados

Estamos Prontos para Lançar nossa Iniciativa Estratégica?

Olivier lidera um ambicioso programa de transformação em uma seguradora. A missão é reduzir custo automatizando e deslocalizando atividades operacionais. O programa é organizado em quatro faixas estratégicas, cada qual contendo vários projetos. O orçamento tem dígitos duplos em milhões. Olivier, o CEO, e o comitê do projeto temem que as equipes não estejam prontas para implementar mudanças tão drásticas. Pouco antes de lançar o programa, eles concordam em avaliar o estado de preparação do programa com 300 stakeholders.

O receio foi confirmado?

1
Revelar

A votação revela um alto nível de falta de alinhamento para cada variável, que é o pior dos casos. A equipe de liderança está surpresa com a dimensão das falhas de perceção.

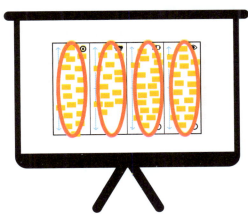

2
Refletir

A discussão da análise revela que partes essenciais do programa não estão prontas para começar, e isso afeta toda a votação.

3
Corrigir

O lançamento do programa é adiado para uma data indefinida. São organizados workshops paralelos para atuar nos pontos problemáticos. O programa só será lançado quando os problemas-chave forem resolvidos.

    A boa notícia é que o orçamento está em suas mãos e que recursos significativos não foram desperdiçados.

2.3 O Mapa de Alinhamento de Equipes para Alinhamento Organizacional

Dicas de Profissional

Iniciativas de transformação bem-sucedidas

Os programas de transformação bem-sucedidos que vimos têm estes três critérios em comum:

- ✓ **Bom começo**: Os objetivos estão claros, e stakeholders importantes estão bem integrados.
- ✓ **Impulso consistente**: Datas são bloqueadas nas agendas, e o alinhamento é mantido ativamente.
- ✓ **Apoio da liderança**: Há auxílio e comprometimento em C-level.

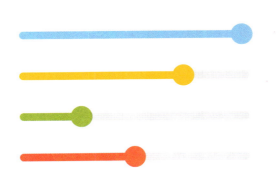

Realizar avaliação com grupos grandes é mais fácil e rápido com ferramentas de pesquisa online

Confiança entre Membros da Equipe

Quatro ferramentas para criar um ambiente de alta confiança e maior segurança psicológica

"Nas relações humanas, todas as previsões estão ligadas de uma forma ou outra ao fenômeno da confiança."

Paul Watzlawick, psicólogo

Visão Geral

Esta parte introduz quatro complementos para construir maior _segurança psicológica_ e _confiança_ e criar um clima mais tranquilo na equipe.

Confiança e Segurança Psicológica entre os Membros da Equipe: A Energia que Alimenta o Mapa de Alinhamento de Equipes

Uma equipe de talentos que desconfiam uns dos outros pode solucionar problemas complexos juntos e inovar? A resposta, simplesmente, é não. A confiança é pré-requisito para o alinhamento.

A equipe não se envolve em comportamentos de aprendizado coletivo quando as pessoas se protegem de constrangimentos e outras possíveis ameaças ficando em silêncio. Isso resulta em mau desempenho e na incapacidade de inovar coletivamente. Para inovar em conjunto, os membros da equipe devem sentir que podem falar aberta e francamente uns com os outros sem medo de julgamentos ou reprimendas. Esse clima é inerente a ambientes psicologicamente seguros.

Em outras palavras, a segurança psicológica é uma variação da confiança: "A crença de que a equipe está segura para assumir riscos interpessoais. Que uma pessoa não será punida ou humilhada por apresentar suas ideias, perguntas, preocupações ou falhas." O termo e a definição foram cunhados por Amy Edmondson, professora de Liderança e Gestão da Harvard Business School há 20 anos, em seu trabalho de referência "Segurança Psicológica e Comportamento de Aprendizado em Equipes de Trabalho".

Para saber mais sobre o trabalho de Amy Edmondson: Mergulhe Mais Fundo, Confiança e Segurança Psicológica, ver p. 266.

3.1
O Contrato da Equipe

Defina como trabalhamos em conjunto, os princípios que todos precisam conhecer e os comportamentos que devem ser respeitados.

3.2
O Localizador de Fatos

Faça boas perguntas para melhorar a comunicação da equipe, interrogue como um profissional para reduzir falhas de percepção.

3.3
O Cartão do Respeito

Dicas para demonstrar consideração pelos outros.

3.4
O Guia de Pedidos Não Violentos

Trate conflitos latentes e controle divergências de modo construtivo.

3.1
O Contrato da Equipe

Defina comportamentos da equipe e como trabalhamos em conjunto.

Há membros da equipe que sempre chegam atrasados...

... ou criticam o trabalho dos outros sem sugerir alternativas.

Ressentimentos e frustrações não expressos podem se acumular e escalar a um conflito desnecessário.

O Contrato da Equipe ajuda a definir as regras do jogo.

3.1 O Contrato da Equipe

O Contrato da Equipe

Quais são as regras e os comportamentos que queremos respeitar na equipe?

O Contrato da Equipe é um pôster simples usado para negociar e definir o comportamento e as regras da equipe, em geral ou temporariamente. A segurança psicológica aumenta, e conflitos em potencial diminuem com:

- O alinhamento dos relacionamentos em comportamentos adequados e inadequados, deixando os valores da equipe explícitos.
- A criação de uma base cultural com que trabalhar em condições harmoniosas.
- A utilização de medidas legítimas em caso de não cumprimento.
- A prevenção do desenvolvimento de um senso de desigualdade e injustiça na equipe.

O pôster apresenta duas perguntas instigantes para ajudar os participantes a se posicionar em termos dos "ins" — o que é aceito — e "outs" — o que não deve ser aceito.

1. Quais são as regras e comportamentos que queremos respeitar na equipe?
2. Como indivíduos, temos preferência por trabalhar de certa maneira?

Isso inclui tópicos como comportamentos e valores da equipe, regras para tomada de decisões, como coordenar e comunicar e estruturar expectativas em caso de falha. Ao ajudar a esclarecer os comportamentos esperados de antemão, o Contrato da Equipe oferece ótimo resultado por um pequeno investimento de tempo.

O Contrato da Equipe Ajuda a:

Deixar valores explícitos — comunicar ideias, princípios e crenças compartilhados como comportamentos tangíveis.

Definir as regras do jogo — criar expectativas claras ao aplicar um processo justo.

Minimizar conflitos — prevenir conflitos desnecessários e um ponto de referência em caso de descumprimento.

Mergulhe mais fundo

Para descobrir o backstage acadêmico do Contrato da Equipe, leia:

- Compreensão Mútua e Consenso (em Psicolínguistica), p. 258.
- Tipos de Relacionamento (em Antropologia Evolucionária), p. 274.
- Confiança e Segurança Psicológica (em Psicologia), p. 266.

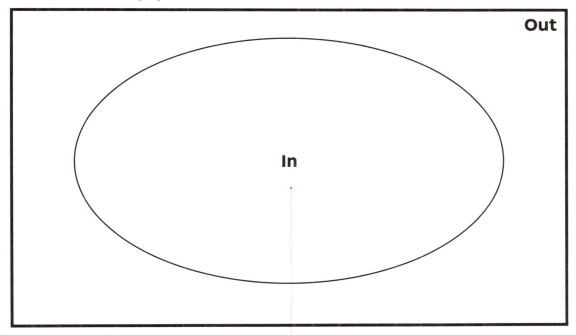

O Contrato da Equipe

Quais são as regras e comportamentos que queremos respeitar na equipe?
Como indivíduos, temos preferência por trabalhar de certa maneira?

Equipe:

Out
Os comportamentos que a equipe quer evitar.

In
As regras e comportamentos que a equipe quer respeitar.

3.1 O Contrato da Equipe

O Contrato da Equipe
O que (Normalmente) É
In e Out?

Contratos da Equipe são únicos para cada equipe. Espere várias respostas quando as perguntas instigantes convidarem os membros a se posicionarem sobre temas como:

- Atitudes e comportamentos.
- Tomada de decisões (gestão de prioridades, governança, responsabilidades).
- Comunicação (em especial, gestão de reuniões).
- O uso de ferramentas e métodos em comum.
- Relacionamentos com outras equipes e departamentos etc.

A equipe também deve incluir as recompensas em caso de sucesso ou as sanções em caso de descumprimentos.

O Contrato da Equipe

Equipe:

Out

In

- Estar desengajado
- Desconfiar uns dos outros
- Fazer certo na primeira vez
- Não informar problemas
- Partilhar logo e sempre
- Sempre tentar entender antes
- Cometer erros
- Ter uma solução para tudo
- Nada de reuniões às sextas
- Ir às reuniões preparado
- Fazer mudanças de última hora
- Ser pontual
- Ouvir um ao outro
- Estar aberto a ideias
- Fazer jogos políticos
- Atrasar-se
- Informar progresso
- Concluir trabalho acordado
- Fones no ouvido—sem interrupção
- Respeitar níveis de confidencialidade
- Não se desculpar ao falhar
- Aplicar procedimentos às cegas
- Não respeitar o consenso
- Fazer reuniões em espaço aberto

3.1 O Contrato da Equipe

Convenções Leves versus Pesadas

O Contrato da Equipe é uma ferramenta leve para definir convenções na equipe; ele cria vínculos morais, não legais. Ele pode evoluir depois para documentos formais e de efeito legal mais significativos.

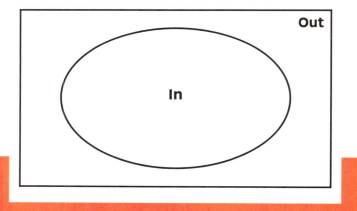

Leve
Vínculo moral

Pesado
Vínculos legais

Os documentos acima formalizam convenções entre stakeholders em diferentes contextos.

Convenções são comportamentos recorrentes esperados em situações recorrentes.

3.1 O Contrato da Equipe

Como Aplicar

Etapas

Reúna todos os membros da equipe envolvidos ou os stakeholders-chave no caso de um projeto. Ponha um pôster do Contrato da Equipe no mural e:

1. Estruture: Anuncie o projeto e o período.
2. Prepare: Peça a cada membro da equipe para responder às duas perguntas instigantes em termos de possíveis *ins* e *outs* (5 minutos).
3. Partilhe: Dê 3 minutos a cada participante para afixar suas respostas no pôster.
4. Consolide: Abra uma discussão em equipe para reagir, adaptar e consolidar todo o conteúdo (cerca de 20 minutos).
5. Valide: Termine a reunião quando todos concordarem com o Contrato da Equipe.

Quando?

Como ilustrado à direita, o MAE ajuda a alinhar as contribuições de todos em uma base regular e costuma exigir atualizações frequentes que reflitam mudanças à medida que o trabalho é entregue aos poucos. O Contrato da Equipe ajuda a definir acordos que duram todo o período da colaboração. Contratos da Equipe costumam ser definidos no início dos projetos, quando novas equipes são formadas, novos talentos se unem a uma já existente ou mudanças radicais exigem que a equipe reformule seu modo de agir.

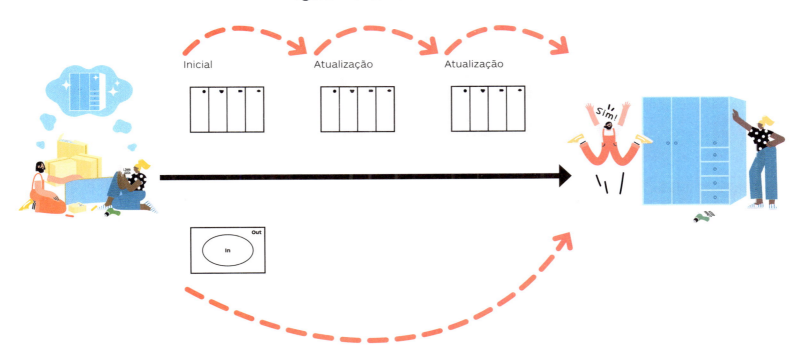

3.1 O Contrato da Equipe

Um Ótimo Companheiro do Mapa de Alinhamento de Equipes (MAE)

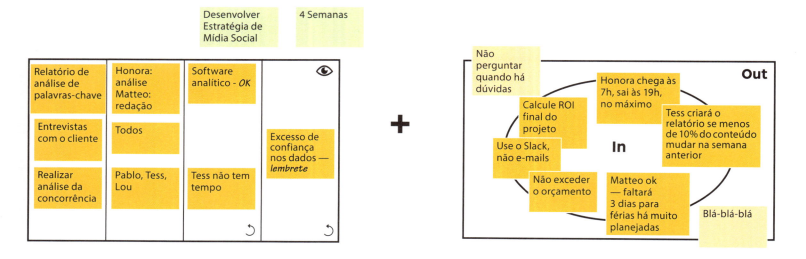

Mais alinhamento + segurança psicológica na equipe

3.1 O Contrato da Equipe

Em Caso de Descumprimento

Quebras no Contrato da Equipe

Comportamentos inadequados devem ser confrontados se o Contrato da Equipe for infringido. Evitar enfrentar problemas aumenta o ressentimento entre os membros que seguem as normas e afeta o relacionamento de toda a equipe. Como regra geral, este método de 3 etapas reduz o desconforto nessas (às vezes difíceis) conversas:

1. Explique o problema factualmente e refira-se ao Contrato da Equipe.
2. Ouça com atenção todas as opiniões.
3. Ache a solução adequada para todas as partes envolvidas.

Resoluções são muito facilitadas quando comportamentos foram definidos de antemão no Contrato da Equipe. Ele oferece um ponto de referência, uma base legítima para transformar um problema em uma chance de aprendizado.

Sancionando transgressões importantes

Há comportamentos que arriscam toda a equipe e a organização, e demitir o ofensor pode ser a resposta mais produtiva. Como observado por Amy Edmondson: "A segurança psicológica é reforçada, e não prejudicada, por respostas justas, ponderadas a comportamentos potencialmente perigosos, prejudiciais ou desleixados" (Edmondson, 2018).

Ser explícito de antemão facilita transformar problemas de comportamento em oportunidades de aprendizado.

Quando as regras são explícitas e claras, todos têm a chance de agir com justiça. Confrontar comportamentos inadequados é percebido como legítimo.

Sem quaisquer regras explícitas, confrontar o comportamento do transgressor pode ser visto como injusto e desencadear vingança.

Evite quebras de contrato de modo proativo

Há prós e contras sobre se devemos mostrar consequências no caso de não cumprimento do Contrato da Equipe.

Prós: Fatos são transparentes; todos ficam informados e cientes das consequências em caso de descumprimento.

Contras: Sanções visíveis podem ser percebidas como algo negativo, minar a confiança e afetar a cooperação desde o início. Pense no Paradoxo Pré-nupcial em psicologia (Fisk e Tetlock, 1997; Pinker, 2008): noivos não gostam de pensar no futuro casamento em termos de um possível divórcio. A maioria dos casais resiste ao pré-nupcial por uma boa razão: o próprio ato de discutir penalidades torna mais provável que elas sejam necessárias e isso quebra o clima.

Recomendado: É mais diplomático concordar com o processo; por exemplo, o descumprimento será tratado caso a caso em equipe.

Palavras-chave para pesquisa: Conversas difíceis, técnicas de resolução de conflitos, ações disciplinares de RH

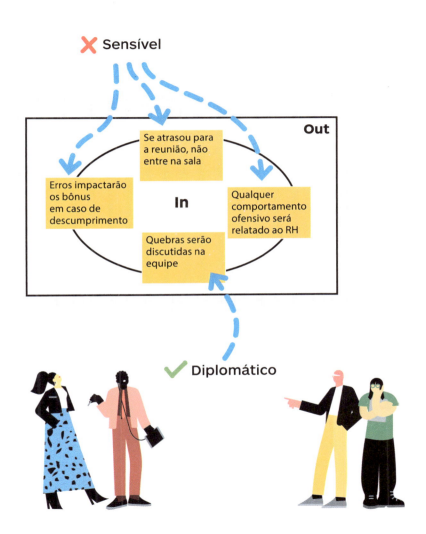

3.1 O Contrato da Equipe

Estruturar Falhas com Exatidão no Contrato da Equipe

Falhas precisam ser abordadas de modo diferente para equipes que trabalham em um laboratório de inovação e para as que trabalham com segurança de aeroportos. Amy Edmondson (2018) sugere meios de estruturar falhas com precisão em três contextos diferentes:

1. Alto volume de trabalho repetitivo.
2. Operações complexas.
3. Inovação e pesquisa.

Cada contexto tem exigências diferentes em termos de gestão de erros. A tabela a seguir mostra exemplos de cada um.

	Alto volume de trabalho repetitivo	Operações complexas	Inovação e pesquisa
Contexto	• Linha de montagem • Restaurantes fast-food • Logística etc.	• Hospitais • Instituições financeiras • Serviços públicos	• Criar um filme • Desenvolver novas fontes de energia • Design de novos produtos etc.
Atitude construtiva em relação às falhas	**Minimizar falhas preveníveis** Causadas por desvios de processos conhecidos por falta de habilidade, atenção ou comportamentos.	**Analisar e corrigir falhas complexas** Causadas por eventos inesperados, panes em sistemas complexos etc.	**Celebrar falhas inteligentes** Causadas por incerteza, experimentação e assunção de riscos.
Exemplos de expectativa	Treinar <u>todos</u> os novos contratados Aceitar no máximo uma entrega com defeito por dia	Reunião de avaliação semanal de riscos Definição de quarto de guerra e força-tarefa para cada pane no sistema	Festa mensal de falha e premiação Revisar design de cada experimento reprovado

Adaptado de Amy Edmondson (2018)

3.2
O Localizador de Fatos

Faça boas perguntas para melhorar a comunicação da equipe.

Às vezes, é difícil entender outros membros da equipe e acompanhar sua lógica.

O Localizador de Fatos ajuda a esclarecer a conversa.

3.2 O Localizador de Fatos

Esclareça com o Localizador de Fatos

O Localizador de Fatos sugere perguntas que esclarecem a conversa. Elas dão aos demais a chance de reformular seu pensamento com mais precisão e de serem entendidos.

A ferramenta se apoia em um princípio direto: diálogo baseado em fatos concretos é melhor que diálogo baseado em suposições. Manter esse diálogo exige treinamento, pois costumamos omitir ou distorcer informações. Essa distorção é consequência direta de nosso processo de *sensemaking* de três níveis (Kourilsky, 2014):

1. Percepção: Começamos por perceber uma situação ou ter uma experiência.
2. Interpretação: Damos uma interpretação a essa situação ou significado ou criamos uma hipótese.
3. Avaliação: Finalmente, partilhamos uma avaliação, um julgamento ou até uma regra que inferimos sobre a situação percebida.

Confundir esses níveis nos leva diretamente a uma (ou várias) destas armadilhas de comunicação:

1. Fatos ou experiências indefinidos: uma ausência de informações-chave na descrição.
2. Generalizações: Quando tornamos um caso privado lei universal.
3. Suposições: Interpretações criativas de uma experiência ou situação.
4. Limitações: Restrições e obrigações imaginárias que limitam opções.
5. Julgamentos: Avaliações subjetivas de uma coisa, situação ou pessoa.

Essas armadilhas mostram a diferença entre o que os psicólogos chamam de realidade de primeira ordem e de segunda ordem:

A realidade de primeira ordem é composta de qualidades fisicamente observáveis — por meio dos cinco sentidos — de uma coisa ou situação.

Realidades de segunda ordem são interpretações pessoais de uma realidade de primeira ordem (julgamentos, hipóteses, suposições etc.).

Por exemplo, Ann diz: "Estou com fome" (comunicação factual, uma realidade de primeira ordem) ou reclama em voz alta: "Sempre comemos muito tarde", o que é um julgamento (uma realidade de segunda ordem) para expressar o fato de que está com fome. A segunda afirmação causa problemas de comunicação que podem gerar conflitos, bloqueios e impasses (Kourilsky, 2014) e fica óbvia quando iniciamos uma discussão.

Ao ajudar a entender os fatos (realidade de primeira ordem) ocultos por trás de declarações ambíguas de segunda ordem (realidade de segunda ordem), o Localizador de Fatos torna o diálogo mais produtivo e eficiente.

O Localizador de Fatos ajuda a:

Inquirir como um profissional — identificar e superar armadilhas comuns da linguagem.

Melhorar informações e decisões — esclarecer o que é dito: o que os outros e também você estão dizendo.

Poupar esforços — manter diálogos mais breves e eficientes.

Mergulhe mais fundo

Para descobrir o backstage acadêmico do Localizador de Fatos, leia:

- Compreensão Mútua e Consenso (em Psicolinguística) p. 258.
- Confiança e Segurança Psicológica (em Psicologia) p. 266.

O Localizador de Fatos

Suposições
Interpretações criativas,
hipóteses ou previsões

ESCUTE / **PERGUNTE**
"Ele acha..." / O que o faz pensar que...?
"Ele acredita que..." / Como você sabe...?
"Ele não deveria..." / Que evidências
"Ele gosta de..." / mostram isso?
"Você/eles irão..." / O que o faz pensar isso?
"Os negócios/a vida/o amor irão..."

Limitações
Restrições imaginárias e
obrigações que limitam as opções

ESCUTE / **PERGUNTE**
"Eu preciso..." / O que pode acontecer se...?
"Temos que" / O que nos impede de
"Não posso..." / (ou você)...?
"Eu não..."
"Não deveríamos..."

Fatos ou Experiências Incompletas
Falta de precisão na descrição

ESCUTE
"Ouvi..."
"Eles disseram..."
"Ela viu..."
"Eu sinto..."

Fatos Completos

PERGUNTE
Quem? O quê?
Quando? Onde?
Como? Quantos?
Você pode ser
mais preciso?
O que quer
dizer com...?

Generalizações
Tornando um caso particular
em universal

ESCUTE / **PERGUNTE**
"Sempre" / Sempre?
"Nunca" / Nunca?
"Ninguém" / Ninguém?
"Todo mundo" / Todo mundo?
"Pessoas" / Pessoas?
Você tem certeza?

Realidade de primeira ordem
*Qualidades físicas observáveis
de uma coisa ou situação*

Julgamentos
Avaliação subjetiva de uma
coisa, situação ou pessoa

ESCUTE / **PERGUNTE**
"Eu estou..." / O que lhe diz...?
"A vida é..." / Como isso se manifesta?
"É bom/ruim..." / Por que isso é inaceitável?
"É importante..." / Tem alguma ideia?
"É fácil/difícil..."

Realidade de Segunda Ordem
*Percepções, interpretações pessoais
da realidade de primeira ordem*

© 2020 Stefano Mastrogiacomo. Todos os direitos reservados. www.teamaligment.co

Strategyzer

3.2 O Localizador de Fatos

A Ilustração das Cinco Armadilhas de Comunicação

1

Situação Original

Ivan vê alguém comendo três hambúrgueres em um fast-food local.

Ele relaciona sua experiência factualmente.

"Ontem vi alguém comendo três hambúrgueres no fast-food local."

3

Perguntas Esclarecedoras

Perguntas esclarecedoras ajudam a entender os fatos e as experiências (realidade de primeira ordem) que baseiam as interpretações pessoais (realidade de segunda ordem). Assim, a conversa passa da ambiguidade e confusão da área cinzenta para a clareza dos fatos, i.e., para a área branca central.

2
Armadilhas de Comunicação

Ivan também pode cair em uma dessas armadilhas ao se referir à sua experiência.

Suposições
"Ontem vi alguém que não comia há duas semanas."

Generalizações
"As pessoas comem muito."

Fatos Completos

Fatos ou Experiências Incompletos
"Ontem vi alguém comendo."

Limitações
"Hambúrgueres devem ser proibidos."

Julgamentos
"Comer três hambúrgueres é ruim."

213

3.2   O Localizador de Fatos

Na Prática

O uso do Localizador de Fatos ocorre em duas etapas:

1. Escutar: Identificar a armadilha — você está escutando uma suposição, limitação ou generalização, um julgamento ou fatos incompletos?
2. Perguntar: Use uma das perguntas esclarecedoras sugeridas para levar a conversa de volta ao cerne, i.e., fatos e experiências completos.

Perguntas esclarecedoras são neutras — não implicam nenhuma forma de julgamento — e abertas — não suscitam respostas fechadas binárias (sim/não).

Esclareça Fatos e Experiências Incompletos

Perguntas ajudam a detalhar melhor os fatos.

Escute
"Ouvi…"
"Eles disseram…"
"Ela viu…"
"Eu sinto…"

Pergunte
Quem? O quê?
Quando? Onde?
Como? Quantos?
Pode ser mais preciso?
O que quer dizer com isso?

Esclareça Suposições

Perguntas ajudam a desenredar associações casuais.

Escute
"Ele acha…"
"Ele acredita que…"
"Ele não deveria…"
"Ele gosta de…"
"Vocês/eles irão…"
"Os negócios/a vida/o amor irão…"

Pergunte
O que o faz pensar que…?
Como você sabe…?
Que evidências mostram isso?
O que o faz pensar isso?

Os designers me disseram que precisam de mais tempo.

Pode ser mais preciso?

Eu acho que, se recebermos os materiais em dois dias, todo o projeto atrasará dois meses.

Como dois dias podem causar um atraso de dois meses?

214

Esclareça Limitações

Perguntas ajudam a identificar a causa ou as consequências da ideia.

Escute
"Eu preciso..."
"Temos que..."
"Não posso..."
"Eu não..."
"Não deveríamos..."

Pergunte
O que pode acontecer se...?
O que nos impede de...?

Esclareça Generalizações

Perguntas ajudam a revelar um contraexemplo.

Escute
"Sempre"
"Nunca"
"Ninguém"
"Todos"
"Pessoas"

Pergunte
Sempre?
Nunca?
Ninguém?
Todos?
Pessoas?
Você tem certeza?

Esclareça Julgamentos

Perguntas ajudam a revelar o critério de avaliação que baseia o julgamento.

Escute
"Eu estou..."
"A vida é..."
"É bom/ruim..."
"É importante..."
"É fácil/difícil..."

Pergunte
O que lhe diz...?
Como isso se manifesta?
Por que isso é inaceitável?
Tem alguma ideia?

Não posso, nunca trabalhamos assim aqui, não está em nosso DNA.

Claro, e se trabalhassem assim, o que aconteceria?

Os riscos são altos e todos estão desmotivados.

Todos?

É importante atingir meus objetivos primeiro.

Bom, por que diz isso?

Em Resumo

Armadilhas de comunicação
Perguntas esclarecedoras ajudam a...

Fatos ou experiências incompletos
Falta de precisão na descrição.
Detalhe melhor os fatos.

Suposições
Interpretações criativas, hipóteses ou previsões.
Desenrede associações casuais.

Generalizações
Tornar um caso particular universal.
Revele um contraexemplo.

Limitações
Restrições e obrigações imaginárias que limitam opções.
Identifique a causa ou as consequências da ideia.

Julgamentos
Avaliação subjetiva de uma coisa, uma situação ou pessoa.
Revele os critérios de avaliação.

Origens do Localizador de Fatos

O Localizador de Fatos nasceu da programação neurolinguística (PNL), uma abordagem de comunicação terapêutica desenvolvida por John Grinder e Richard Bandler. Eles a chamaram de "metamodelo". Implementar o metamodelo foi desafiador e levou o coach Alain Cayrol a desenvolver uma versão mais aplicável, que chamou de Bússola da Linguagem. Ela foi depois aprimorada e ampliada por Françoise Kourilsky, uma psicóloga francesa que inspirou o design do Localizador de Fatos.

Palavras-chave para pesquisa: PNL, metamodelo, perguntas poderosas, perguntas claras.

O Localizador de Fatos

Suposições
Interpretações criativas,
hipóteses ou previsões

ESCUTE   **PERGUNTE**
"Ele acha…"   *O que o faz pensar que…?*
"Ele acredita que…"   *Como você sabe…?*
"Ele não deveria…"   *Que evidências*
"Ele gosta de…"   *mostram isso?*
"Você/eles irão…"   *O que o faz pensar isso?*
"Os negócios/a vida/o amor irão…"

Fatos ou Experiências Incompletas
Falta de precisão na descrição

ESCUTE   **PERGUNTE**
"Ouvi…"   *Quem? O quê?*
"Eles disseram…"   *Quando? Onde?*
"Ela viu…"   *Como? Quantos?*
"Eu sinto…"   *Você pode ser mais preciso?*
Fatos Completos   *O que quer dizer com…?*

Limitações
Restrições imaginárias e
obrigações que limitam as opções

ESCUTE   **PERGUNTE**
"Eu preciso…"   *O que pode acontecer se…?*
"Temos que"   *O que nos impede de*
"Não posso…"   *(ou você)…?*
"Eu não…"
"Não deveríamos…"

Realidade de primeira ordem
*Qualidades físicas observáveis
de uma coisa ou situação*

Generalizações
Tornando um caso particular
em universal

ESCUTE   **PERGUNTE**
"Sempre"   *Sempre?*
"Nunca"   *Nunca?*
"Ninguém"   *Ninguém?*
"Todo mundo"   *Todo mundo?*
"Pessoas"   *Pessoas?*
   Você tem certeza?

Julgamentos
Avaliação subjetiva de uma
coisa, situação ou pessoa

ESCUTE   **PERGUNTE**
"Eu estou…"   *O que lhe diz…?*
"A vida é…"   *Como isso se manifesta?*
"É bom/ruim…"   *Por que isso é inaceitável?*
"É importante…"   *Tem alguma ideia?*
"É fácil/difícil…"

Realidade de Segunda Ordem
*Percepções, interpretações pessoais
da realidade de primeira ordem*

© 2020 Stefano Mastrogiacomo. Todos os direitos reservados. www.teamaligment.co

Ⓤ Strategyzer

Dicas de Profissional

Adapte as perguntas esclarecedoras

Adapte a linguagem ao contexto e à situação para evitar ser visto como um robô. O Localizador de Fatos tem perguntas que podem dar um toque não natural à conversa.

Não
Repita as perguntas como são

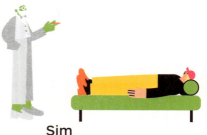

Sim
Adapte ao contexto e à situação

Pare de se justificar e poupe energia

Pare de se justificar e faça uma pergunta esclarecedora. Iniciar justificativas longas e visivelmente não convincentes mostra que é hora de usar o Localizador de Fatos. Ele poupará tempo e energia de todos.

Não
Gaste energia com justificativas

Sim
Faça uma pergunta esclarecedora

Evite perguntas fechadas ao inquirir

O Localizador de Fatos contém só perguntas abertas. Elas não pedem um simples sim/não, e ajudam a desenvolver o raciocínio.

Não
Perguntas fechadas não ajudam a inquirir

Sim
Perguntas abertas acessam os pensamentos dos outros

Limites do Localizador de Fatos

O excesso de uso do Localizador de Fatos será encarado como invasivo e irritante. Use-o quando se sentir perdido e tiver dificuldades para entender a lógica dos outros.

Não
O excesso de uso do Localizador de Fatos fará com que você pareça invasivo

Sim
Use-o basicamente para esclarecer mensagens

3.3
O Cartão do Respeito

Demonstre consideração pelos outros praticando
regras de educação básicas.

Falta de tato em relações interpessoais retarda e dificulta o trabalho em equipe.

O Cartão do Respeito sugere meios de mostrar consideração com os outros e manter um ambiente de respeito.

3.3 O Cartão do Respeito

O Cartão do Respeito

O Cartão do Respeito dá dicas para valorizar os outros e mostrar respeito. Use-o na preparação de reuniões ou ao escrever mensagens às pessoas:

- Que não conhece bem.
- Com quem você se sente menos confiante, como estranhos, conhecidos, recém-chegados à equipe, superiores.
- Com formação cultural diferente da sua.

O uso dessas sugestões mostra sua capacidade de considerar a identidade e os sentimentos dos outros (Brown, 2015) e ajuda a criar maior segurança psicológica e harmonia nas equipes.

A ferramenta tem dois checklists:

1. Dicas para mostrar que você valoriza e se importa com os outros (à direita).
2. Dicas para mostrar respeito reduzindo pedidos e a probabilidade de ofender os outros (à esquerda).

O Cartão do Respeito se baseia na face e na teoria da polidez; todas as dicas mostram técnicas para evitar constranger pessoas em público. O foco principal é a linguagem; o cartão apresenta só limites para comportamentos e boas maneiras, como não interromper ou não ouvir quando alguém fala.

O Cartão do Respeito ajuda a:

Transmitir mensagens com respeito — desafiar o status quo com respeito.

Valorizar os outros — expressando consideração e gratidão.

Evitar gafes não intencionais — ao lidar com estranhos ou relações de poder.

→

Mergulhe mais fundo

Para descobrir o backstage acadêmico do Cartão do Respeito, leia:

- Face e Polidez (em Psicolinguística), p. 282.
- Confiança e Segurança Psicológica (em Psicologia), p. 266.

O Cartão do Respeito
Dicas para comunicação diplomática.

 Necessidade de ser respeitado
Demonstre Respeito

Questionar em vez de ordenar
Será que você...?

Expressar dúvida
Acho que você não poderia...?

Confirme o pedido
..., se possível.

Reconheça a intrusão
Sei que está ocupado, mas...

Mostre relutância
Normalmente eu não pediria, mas...

Desculpe-se
Sinto incomodá-lo, mas...

Reconheça a divida
Eu ficaria agradecido se você pudesse...

Use títulos
Sr., sra., senhorita, professor, dr. etc

Seja indireto
Estou procurando uma caneta.

Peça desculpas
Por favor, me desculpe, mas...
Pode me emprestar sua caneta?

Minimize o pedido
Eu só queria saber se posso usar sua caneta.

Pluralize a pessoa responsável
Esquecemos de lhe dizer que você precisava comprar a passagem aérea até ontem.

Hesite
Será que eu... ahn...?

Soe impessoal
Não é permitido fumar.

Necessidade de ser valorizado
Demonstre Reconhecimento

Agradecimento
Muito obrigado.

Desejo
Fique bem, tenha um bom dia.

Pergunta
Você está bem? Como vão as coisas?

Elogio
Belo suéter.

Antecipação
Você deve estar com fome.

Conselho
Cuide-se.

Simpatia
Meu amigo, colega, companheiro, amigão, querido.

Peça concordância
Você sabe?

Pense nos outros
Você deve estar com fome, faz muito tempo desde que tomou café. Que tal irmos almoçar?

Evite divergências
A: Você não gostou?
B: Sim, gostei, mas... não costumo comer isto, mas está bom.

Admita concordância
Então, quando virá nos ver?

Confirme a opinião
Acho que você deveria se esforçar mais.

COMPORTAMENTOS ARRISCADOS
Dar ordens diretas
Interromper
Advertir
Proibir
Ameaçar
Sugerir
Lembrar
Aconselhar

COMPORTAMENTOS ARRISCADOS
Constranger
Desaprovar
Ignorar
Criticar abertamente
Desprezar, ridicularizar
Falar só de si mesmo
Mencionar temas tabu
Insultar, acusar, queixar-se

© 2020 Stefano Mastrogiacomo. Todos os direitos reservados www.teamalignment.co

Strategyzer

Respeito
Use esses "intervalos sociais" para evitar gafes e mostrar respeito.

Reconhecimento
Use esses "aceleradores sociais" para valorizar as pessoas.

3.3 O Cartão do Respeito

O Cartão do Respeito
Dicas para comunicação diplomática.

Necessidade de ser respeitado
Demonstre Respeito

Questionar em vez de ordenar
Será que você...?

Expressar dúvida
Acho que você não poderia...?

Confirme o pedido
..., se possível.

Reconheça a intrusão
Sei que está ocupado, mas...

Mostre relutância
Normalmente eu não pediria, mas...

Desculpe-se
Sinto incomodá-lo, mas...

Reconheça a dívida
Eu ficaria agradecido se você pudesse...

Use títulos
Sr., sra., senhorita, professor, dr. etc

Seja indireto
Estou procurando uma caneta.

Peça desculpas
Por favor, me desculpe, mas...
Pode me emprestar sua caneta?

Minimize o pedido
Eu só queria saber se posso usar sua caneta.

Pluralize a pessoa responsável
Esquecemos de lhe dizer que você precisava comprar a passagem aérea até ontem.

Hesite
Será que eu... ahn...?

Soe impessoal
Não é permitido fumar.

COMPORTAMENTOS ARRISCADOS
Dar ordens diretas
Interromper
Advertir
Proibir
Ameaçar
Sugerir
Lembrar
Aconselhar

3.3 O Cartão do Respeito

Como Mostrar Respeito

✓
Face preservada
O pedido indireto ajuda a minimizar a imposição de remover os objetivos.

✗
Face não preservada
O pedido direto é percebido como uma ordem; a equipe pode ficar ofendida.

3.3 O Cartão do Respeito

Como Valorizar os Outros

✓
Face preservada

O pedido é feito mostrando consideração.

✗
Face não preservada

Os pedidos são apresentados como crítica ou julgamento.

Necessidade de ser valorizado
Demonstre Reconhecimento

Agradecimento
Muito obrigado.

Desejo
Fique bem, tenha um bom dia.

Pergunta
Você está bem? Como vão as coisas?

Elogio
Belo suéter.

Antecipação
Você deve estar com fome.

Conselho
Cuide-se.

Simpatia
*Meu amigo, colega,
companheiro, amigão, querido.*

Peça concordância
Você sabe?

Pense nos outros
*Você deve estar com fome, faz muito tempo desde
que tomou café. Que tal irmos almoçar?*

Evite divergências
*A: Você não gostou?
B: Sim, gostei, mas... não
costumo comer isto, mas está bom.*

Admita concordância
Então, quando virá nos ver?

Confirme a opinião
Acho que você deveria se esforçar mais.

**COMPORTAMENTOS
ARRISCADOS**
Constranger
Desaprovar
Ignorar
Criticar abertamente
Desprezar, ridicularizar
Falar só de si mesmo
Mencionar temas tabu
Insultar, acusar, queixar-se

3.3 O Cartão do Respeito

Como

Usar o Cartão do Respeito para preparar um comunicado verbal ou escrito

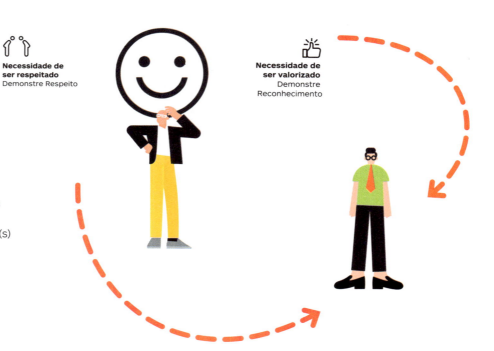

O Cartão do Respeito

Necessidade de ser respeitado
Demonstre Respeito

Necessidade de ser valorizado
Demonstre Reconhecimento

1

Qual é minha necessidade e a da outra pessoa?

Pense na necessidade do(s) outro(s) antes de um encontro pessoal ou escrever uma mensagem.

2

Encontre ideias nas duas checklists antes de falar ou escrever

Procure as técnicas para obter ideias; escolha e use as mais adequadas.

3.3   O Cartão do Respeito

Dicas de Profissional

A polidez depende da situação, do contexto e da cultura

A consideração exige discernimento. Por exemplo, um simples "obrigado" pode ser encarado como polidez ou sarcasmo.

Polidez
Obrigado.

Sarcasmo
Obrigado.

Reúna-se em particular para temas difíceis

Reuniões privadas são preferíveis quando um dos dois está em situação desconfortável; todos se sentirão melhor. Ofensa ou humilhação pública gera ressentimento e desejo de retaliação.

Particular
Estou surpreso!

Pública
Estou surpreso!

O Cartão do Respeito não serve para todas as situações

Situações urgentes exigem instruções diretas; uma linguagem educada é ambígua e ineficiente para coordenar fatos urgentes.

Pedido direto
Traga o extintor!

Pedido indireto
Eu estava imaginando se você me passaria o extintor.

Indelicadeza: Os extremos se encontram

Ser rude ou excessivamente educado é percebido como comportamentos negativos e inadequados (Locher e Watts, 2008).

Rude
Esse trabalho está horrível.

Excessivamente educado
Vossa Alteza, eu ficaria eternamente grato se pudesse encarar a possibilidade de me perdoar por ousar pedir-lhe um favor incrivelmente pequeno.

3.4

O Guia de Pedidos Não Violentos

Trate conflitos latentes e resolva divergências de modo construtivo.

A má gestão de divergências pode prejudicar relacionamentos e gerar custos irrecuperáveis.

O Guia de Pedidos Não Violentos
resolve conflitos de modo construtivo.

3.4 O Guia de Pedidos Não Violentos

O Guia de Pedidos Não Violentos

O Guia de Pedidos Não Violentos ajuda a preparar e expressar desagrado de modo construtivo. O guia apresenta uma versão simplificada dos princípios da comunicação não violenta (CNV), desenvolvidos pelo psicólogo Marshall Rosenberg. Ele escreve: "Quando expressamos nossas necessidades de modo indireto por meio do uso de avaliações, interpretações e imagens, os outros provavelmente ouvirão críticas. E quando as pessoas ouvem algo que soa como crítica, elas costumam investir sua energia na autodefesa ou no contra-ataque." (Rosenberg, 2003).

Ao sugerir uma estrutura para fazer pedidos sem juízo de valor, as divergências podem ser expressas sem fazer os outros se sentirem pessoalmente atacados; isso cria a oportunidade para um diálogo empático e resolução de conflitos.

A comunicação não violenta (CNV) é uma estrutura poderosa e uma das principais ferramentas que fundamentam a transformação cultural e a renovação de produtos da Microsoft. Quando Satya Nadella se tornou o CEO, uma de suas primeiras medidas foi pedir aos altos executivos que lessem o livro de Rosenberg (McCracken, 2017).

O Guia de Pedidos Não Violentos ajuda a:

Expressar divergência de modo construtivo — partilhar opiniões sem censurar ou criticar.

Resolver conflitos — criar um contexto de ganha-ganha.

Fortalecer relacionamentos — contribuir para um clima mais seguro na equipe.

Para descobrir os bastidores acadêmicos do Guia de Pedidos Não Violentos, leia:

- Comunicação Não Violenta (em Psicologia), p. 250.
- Confiança e Segurança Psicológica (em Psicologia), p. 266.

O Guia de Pedidos Não Violentos

Sentimentos *negativos quando suas necessidades não são satisfeitas*

Aborrecimento	**atordoado**	**Medo**	deprimido
chateado	ausente	apavorado	desalentado
desanimado	culpado	apreensivo	desanimado
desesperado	decepcionado	assustado	desapontado
frustrado	Desconexão	aterrorizado	desencorajado
furioso	desinteressado	com mau	desesperançado
impaciente	desligado	pressentimento	desiludido
insatisfeito	entediado	desconfiado	desventurado
irritado	envergonhado	em pânico	exasperado
	frio	petrificado	infeliz
Anseio	indiferente	preocupado	melancólico
ciumento	inibido	receoso	taciturno
desejoso	mortificado		
invejoso	retraído	**Sofrimento**	**Vulnerabilidade**
nostálgico		agoniado	cauteloso
pensativo	**Fadiga**	angustiado	desconfiado
saudoso	cansado	arrasado	frágil
	derrotado	arrependido	impotente
Aversão	esgotado	compungido	inseguro
chocado	exaurido	desolado	reservado
com ódio	exausto	enlutado	sensível
desgostoso	indiferente	infeliz	
enjoado	letárgico	magoado	**Zanga**
enojado	sonolento	solitário	colérico
horrorizado		triste	enfurecido
hostil	**Inquietação**		escandalizado
indiferente	abalado	**Tensão**	furioso
	aflito	aflito	indignado
Confusão	agitado	angustiado	irado
ambivalente	alarmado	ansioso	ressentido
atordoado	ansioso	assoberbado	revoltado
confuso	aturdido	esgotado	
desconcertado	chateado	estressado	
desorientado	chocado	impaciente	
devastado	conturbado	inquieto	
hesitante	desconcertado	irritadiço	
perdido	desconfortável	irritável	
perplexo	inseguro	mal-humorado	
surpreendido	instável	nervoso	
	nervoso	trêmulo	
Constrangimento	perturbado		
afobado	preocupado	**Tristeza**	
alienado	surpreso	abatido	
apático		angustiado	

Quando você

_____

OBSERVAÇÃO

Eu sinto

_____

SENTIMENTO

Preciso que

_____

NECESSIDADE

Por favor, poderia...

_____?

PEDIDO

Necessidades

Autonomia	ser conhecido
escolha	ser visto
espaço	valorização
espontaneidade	ver e
independência	
liberdade	**Diversão**
	alegria
Bem-estar físico	humor
abrigo	
água	**Honestidade**
ar	autenticidade
comida	integridade
descanso/sono	presença
exercício	
movimento/	**Paz**
segurança	beleza
toque	comunicação
	harmonia
Conexão	igualdade
aceitação	inspiração
afeição	ordem
amor	tranquilidade
apoio	
compaixão	**Propósito**
companheirismo	aprendizado
compreender e ser	celebração da vida
compreendido	clareza
comunicação	competência
confiança	consciência
conhecer e	contribuição
consideração	crescimento
consistência	criatividade
cooperação	desafio
cordialidade	descoberta
cuidado	efetividade
empatia	eficácia
estabilidade	entendimento
inclusão	esperança
intimidade	estímulo
mutualidade	expressão
pertencimento	importância
proximidade	luta
respeito/autorrespeito	participação
segurança	propósito
senso de comunidade	reconhecimento

Auxílio para Formulação

Uma lista de sentimentos e necessidades insatisfeitos para uma descrição mais precisa.

© 2020 Stefano Mastrogiacomo. Todos os direitos reservados. www.teamalignment.co
Lista de sentimentos e necessidades tiradas de © Center of Nonviolent Communication, www.cnvc.org.

Strategyzer

O Pedido

Um modelo para preparar o pedido não violento.

3.4 O Guia de Pedidos Não Violentos

Na Prática

Uma declaração não violenta é composta de quatro partes consecutivas (Rosenberg, 2003):

O guia propõe um modelo para formular o pedido e uma lista desenhada pelo Centro de Comunicação Não Violenta para transmitir sentimentos e necessidades com mais precisão.

Como formular um pedido não violento?
1. **Quando você (observação).**
2. **Eu me sinto (sentimento).**
3. **Eu preciso (necessidade).**
4. **Por favor, você pode (pedido)?**

Exemplo

"Você alguma vez diz obrigado?"

Declaração não violenta:

1. Quando você (*cumprimenta todos na equipe, menos a mim*).
2. Eu fico (*desapontado*).
3. Eu preciso (*que meu trabalho seja valorizado*).
4. Por favor, você pode (*me ajudar a entender se estou fazendo algo errado*)?

Adaptado de Rosenberg (2003).

O Guia de Pedidos Não Violentos

Sentimentos *sentimentos negativos quando suas necessidades não são satisfeitas*

ABORRECIMENTO
chateado
desanimado
desesperado
frustrado
furioso
impaciente
insatisfeito
insatisfeito
irritado

ANSEIO
ciumento
desejoso
invejoso
nostálgico
pensativo
saudoso

AVERSÃO
chocado
com ódio
desgostoso
enjoado
enojado
horrorizado
hostil
hostil
indiferente

CONFUSÃO
ambivalente
atordoado
confuso
desconcertado
desorientado
devastado
hesitante
perdido
perplexo
surpreendido

CONSTRANGIMENTO
afobado
culpado
decepcionado
envergonhado

inibido
mortificado
DESCONEXÃO
alienado
apático
atordoado
ausente
desinteressado
desinteressado
desligado
entediado
frio
indiferente
retraído

FADIGA
cansado
derrotado
esgotado
estafado
exaurido
exausto
fatigado
indiferente
letárgico
sonolento

INQUIETAÇÃO
abalado
aflito
agitado
alarmado
ansioso
aturdido
chateado
chocado
conturbado
desconcertado
desconfortável
inseguro
instável
nervoso
perturbado
preocupado
surpreso

MEDO
apavorado
apavorado
desconfiança
apreensivo
assustado
aterrorizado
com mau
pressentimento
desconfiado
em pânico
petrificado
preocupado
receoso

SOFRIMENTO
agoniado
angustiado
arrasado
arrependido
compungido
desolado
enlutado
infeliz
magoado
solitário
triste

TENSÃO
aflito
angustiado
ansioso
assoberbado
esgotado
estressado
impaciente
inquieto
irritadiço
irritável
mal-humorado
nervoso
trêmulo

TRISTEZA
abatido
angustiado
deprimido
desalentado
desanimado
desapontado
desencorajado
desesperançado
desiludido
desventurado
exasperado
infeliz
melancólico
taciturno

VULNERABILIDADE
cauteloso
desconfiado
frágil
impotente
inseguro
reservado
sensível

ZANGA
colérico
enfurecido
escandalizado
furioso
indignado
irado
ressentido
revoltado

Quando você faz
_____
OBSERVAÇÃO

Eu sinto
_____
SENTIMENTO

Necessito de
_____
NECESSIDADE

Por favor, você...
_____?
PEDIDO

Necessidades

AUTONOMIA
escolha
espaço
espontaneidade
independência
liberdade

BEM-ESTAR FÍSICO
abrigo
água
ar
comida
descanso/sono
exercício
movimento/
segurança
toque

BRINCADEIRA
alegria
humor

CONEXÃO
aceitação
afeição
amor
apoio
compaixão
companheirismo
compreensão
comunicação
confiança
conhecer e
consideração
consistência
cooperação
cordialidade
cuidado
empatia
estabilidade
inclusão
intimidade
mutualidade
pertencimento
proximidade

respeito/autorrespeito
segurança
senso de comunidade
ser conhecido
valorização
ver e ser visto

HONESTIDADE
autenticidade
integridade
presença

PAZ
beleza
comunicação
harmonia
igualdade
inspiração
ordem
tranquilidade

SIGNIFICADO
aprendizado
autoexpressão
celebração da vida
clareza
competência
consciência
contribuição
crescimento
criatividade
desafio
descoberta
efetividade
eficácia
entendimento
esperança
estímulo
importância
luto
participação
propósito
reconhecimento

© 2020 Stefano Mastrogiacomo. Todos os direitos reservados. www.teamalignment.co
Lista de sentimentos e necessidades tiradas de © Center of Nonviolent Communication, www.cnvc.org.

3.4 O Guia de Pedidos Não Violentos

Ataques versus Pedidos Não Violentos

Ataques

Você está sempre atrasado! Não posso contar com você.

Sou o único que trabalha aqui?

Terminamos? Tenho trabalho a fazer.

Situação | **Trabalho atrasado** | **Excesso de Trabalho** | **Participação em Reuniões**

- Quando você (*me diz no último minuto que o trabalho não está pronto*).
- Eu fico (*furioso*).
- Eu preciso (*que respeite os prazos que combinamos*).
- Por favor, pode (*avisar com antecedência se houver problemas*)?

- Quando você (*me responsabiliza por todos esses objetivos*).
- Eu fico (*sobrecarregado, porque um bom projeto leva tempo*).
- Eu preciso (*garantir um trabalho de qualidade*).
- Por favor, pode (*me ajudar a entender quais são as prioridades*)?

- Quando você (*me pede para participar de todas as reuniões da equipe*).
- Eu fico (*cansado*).
- Eu preciso (*de eficiência, porque também supervisiono mais cinco equipes*).
- Por favor, pode (*me chamar só quando houver mudanças importantes*)?

Faça você mesmo!

Aqui ninguém se importa!

Você é um burocrata...

Falta de contexto

- Quando você (*me pede para salvar o projeto deles*).
- Eu entro em (*pânico porque já tenho muito trabalho*).
- Eu preciso (*de clareza*).
- Por favor, pode (*me ajudar a entender todo o contexto*)?

Motivação

- Quando você (*me diz que meu projeto foi repentinamente abandonado*).
- Eu fico (*triste*).
- Eu preciso (*fazer um trabalho significativo*).
- Por favor, pode (*me ajudar a entender o que motivou sua decisão*)?

Regras e procedimentos

- Quando você (*me pede para respeitar procedimentos demorados*).
- Eu fico (*exausto, porque realmente não tenho tempo*).
- Eu preciso de (*eficiência*).
- Por favor, pode (*me ajudar a entender por que isso é importante*)?

3.4 O Guia de Pedidos Não Violentos

Dicas de Profissional

Quando envolver terceiros?

Se o conflito se agravar, talvez chamar uma terceira parte seja a melhor opção para avançar. Terceiros podem agir como mediadores; sua posição neutra e externa ajuda a identificar os melhores passos para resolver o conflito.

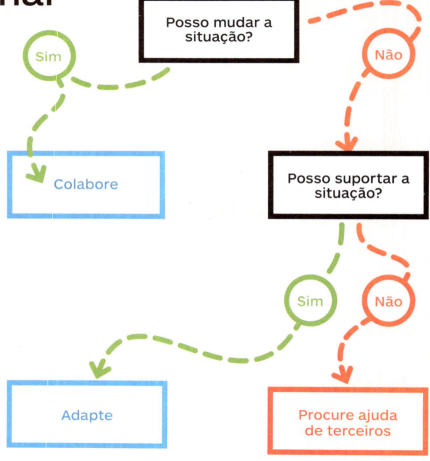

Adaptado de Kahane (2017).

CNV para melhorar seu diálogo interno

O uso da CNV ajuda a melhorar a qualidade de seu diálogo interno, suavizando seu autojulgamento, encontrando uma narrativa mais adequada, e a avançar.

Por exemplo:

"Eu fiz um péssimo negócio ao combinar meu salário quando entrei."

Declaração não violenta:

1. Quando eu (*vejo que tenho o menor salário da equipe*).
2. Eu fico (*frustrado*).
3. Eu preciso (*que minhas habilidades sejam reconhecidas e igualmente recompensadas*).
4. Eu me darei (*tempo suficiente para me preparar e negociar um aumento com argumentos sólidos*).

A comunicação não violenta para lidar com relacionamentos indesejados

Relacionamentos indesejados são os que mantemos mais por necessidade que por vontade. Da interferência em metas a personalidades incompatíveis, nós os terminaríamos depressa se tivéssemos opção. Use a comunicação não violenta como um primeiro passo para aliviar a pressão e preservar sua saúde mental.

3.4 O Guia de Pedidos Não Violentos

Origens do Guia de Pedidos Não Violentos

Um Método Revolucionário para Interações Não Violentas

Marshall Rosenberg (1934–2015) foi um psicólogo norte-americano que explorou as causas e o que poderia ser feito para reduzir a violência. Ele notou que, quando não temos as habilidades emocionais para descrever nosso descontentamento, costumamos fazer julgamentos improdutivos e críticas (chamados de "avaliações", em CNV), percebidos como ataques pelo outro. Por exemplo, dizemos: "Você mentiu para mim" ou "Você é irresponsável", ambos percebidos como ataque, quando o que realmente queremos expressar é: "Estou desapontado porque você prometeu entregar o trabalho hoje."

Rosenberg desenvolveu e usou a CNV para melhorar as habilidades de mediação e comunicação em escolas públicas nos anos de 1960. Depois, ele fundou o Centro de Comunicação Não Violenta, em 1984, uma organização internacional pacificadora que oferece treinamento e apoio em mais de 60 países em todo o mundo. Para saber mais sobre essa estrutura poderosa, vá ao site do Centro, www.cnvc.org

Lista de sentimentos e necessidades © 2005 do Centro de Comunicação Não Violenta

Sentimentos quando suas necessidades não são satisfeitas

Aborrecimento
chateado
desanimado
desesperado
frustrado
furioso
impaciente
insatisfeito
irritado

Anseio
ciumento
desejoso
invejoso
nostálgico
pensativo
saudoso

Aversão
chocado
com ódio
desgostoso
enjoado
enojado
horrorizado
hostil
indiferente

Confusão
ambivalente
atordoado
confuso
desconcertado
desorientado
devastado

hesitante
perdido
perplexo
surpreendido

Constrangimento
afobado
culpado
envergonhado
decepcionado
inibido
mortificado

Desconexão
alienado
apático
atordoado
ausente
desinteressado
desligado
entediado
frio
indiferente
retraído

Fadiga
cansado
derrotado
esgotado
exaurido
exausto
indiferente
letárgico
sonolento

Inquietação
abalado
aflito
agitado
alarmado
ansioso
aturdido
chateado
chocado
conturbado
desconcertado
desconfortável
inseguro
instável
nervoso
perturbado
preocupado
surpreso

Medo
apavorado
apreensivo
assustado
aterrorizado
com mau pressentimento
desconfiado
em pânico
petrificado
preocupado
receoso

Sofrimento
agoniado

angustiado
arrasado
arrependido
compungido
desolado
enlutado
infeliz
magoado
solitário
triste

Tensão
aflito
angustiado
ansioso
assoberbado
esgotado
estressado
impaciente
inquieto
irritadiço
irritável
mal-humorado
nervoso
trêmulo

Tristeza
abatido
angustiado
deprimido
desalentado
desanimado
desapontado
desencorajado

desesperançado
desiludido
desventurado
exasperado
infeliz
melancólico
taciturno

Vulnerabilidade
cauteloso
desconfiado
frágil
impotente
inseguro
reservado
sensível

Zanga
colérico
enfurecido
escandalizado
furioso
indignado
irado
ressentido
revoltado

Sentimentos Quando Suas Necessidades São Satisfeitas

Afeição
amigável
amoroso
compreensivo
cordial
sensível
solidário
suave

Alegria
contente
divertido
encantado
exultante
feliz
radiante
satisfeito

Confiança
aberto
empoderado
estável
orgulhoso
seguro

Engajamento
admirado
alerta
atencioso
curioso
enlevado
envolvido
estimulado
extasiado
fascinado
integrado

interessado
intrigado

Entusiasmo
animado
ansioso
apaixonado
convicto
deslumbrado
dinâmico
encantado
entusiasmado
estimulado
impressionado
inebriado
revigorado
surpreso
vibrante
vigoroso

Felicidade
afortunado
deslumbrado
eufórico
embevecido
exuberante
exultante
impressionado
radiante

Gratidão
agradecido
apreciador
emocionado
impactado

Inspiração
admirado
fascinado
maravilhado

Otimismo
encorajado
esperançoso
otimista

Paz
aliviado
brincalhão
calmo
centrado
comedido
confiante
confortável
contente
despreocupado
lúcido
quieto
realizado
relaxado
sereno
sossegado
tranquilo

Renovação
alegre
descansado
reanimado
rejuvenescido
renovado
restaurado

Inventário de Necessidades

Autonomia
escolha
espaço
espontaneidade
independência
liberdade

Bem-estar físico
abrigo
água
ar
comida
descanso/sono
segurança
movimento/
exercício
toque

Conexão
aceitação
afeição
amor
apoio
compaixão
companheirismo
compreender e ser
compreendido
comunicação
confiança
conhecer e
ser conhecido
consideração
consistência

cooperação
cordialidade
cuidado
empatia
estabilidade
inclusão
intimidade
mutualidade
pertencimento
proximidade
respeito/autorrespeito
segurança
senso de comunidade
valorização
ver e ser visto

Diversão
alegria
humor

Honestidade
autenticidade
integridade
presença

Paz
beleza
comunicação
harmonia
igualdade
inspiração
ordem
tranquilidade

Propósito
aprendizado
celebração da vida
clareza
competência
consciência
contribuição
crescimento
criatividade
desafio
descoberta
eficácia
efetividade
entendimento
esperança
estímulo
expressão
importância
luta
participação
propósito
reconhecimento

Mergulhe Mais Fundo

Descubra a ciência que fundamenta as ferramentas e o livro

Visão Geral

As ferramentas apresentadas neste livro são resultado de um trabalho <u>interdisciplinar</u>. Descubra que corpo de <u>pesquisa acadêmica</u> baseia cada <u>ferramenta</u>.

4.1
Compreensão Mútua e Consenso

O que a psicolinguística revela sobre como entendemos uns aos outros.

4.2
Confiança e Segurança Psicológica

Mergulhe mais fundo no trabalho de Amy Edmondson.

4.3
Tipos de Relacionamento

O ponto de vista da antropologia evolucionária.

4.4
Face e Polidez

A teoria da face e as duas necessidades principais da consideração mútua.

A Ciência que Baseia as Ferramentas

Todas as ferramentas foram desenhadas usando um ciclo Lean UX na intersecção dos problemas atuais de gestão e possíveis soluções conceituais das ciências sociais, incluindo psicolinguística, antropologia evolucionária e psicologia. Traduzir os conceitos teóricos em ferramentas executáveis exigiu dezenas de iterações e protótipos, e as chances são de que as ferramentas evoluam ainda mais no futuro.

Ferramentas do Frontstage

O Mapa de Alinhamento de Equipes

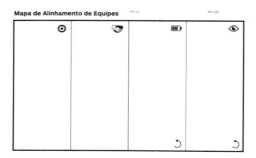

O Contrato da Equipe

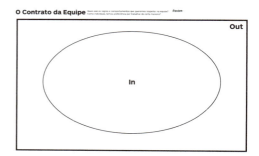

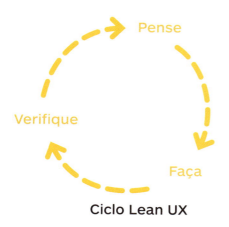

Ciclo Lean UX

Backstage dos Princípios Acadêmicos

Compreensão Mútua e Consenso
(em Psicolinguística), p. 258

Tipos de Relacionamento
(em Antropologia Evolucionária), p. 274

Confiança e Segurança Psicológica
(em Psicologia), p. 266

O Localizador de Fatos

O Cartão do Respeito

Guia de Pedidos Não Violentos

Face e Polidez
(em Psicolinguística), p. 282

Comunicação Não Violenta
(em Psicologia), p. 236

4.1
Compreensão Mútua e Consenso

O que a psicolinguística revela sobre como entendemos uns aos outros.

4.1 Compreensão Mútua e Consenso

Qual É o Consenso da Equipe?

Em resumo, consenso é o que cada membro da equipe sabe que os membros de outra equipe sabem. O mecanismo do consenso, conhecimento comum, partilhado, entendimento mútuo etc. foi descrito pelo psicolinguista Herbert Clark e depois desenvolvido pelo psicólogo Steven Pinker. As pessoas usam a linguagem para coordenar atividades conjuntas. Membros de uma equipe são interdependentes, assim como precisam uns dos outros para ter êxito ao trabalhar juntos. Essa interdependência força todos a resolver problemas de coordenação, assim como sempre alinhar sua contribuição com a dos demais. Como descrito por Clark, os membros da equipe precisam definir e manter um nível suficiente de consenso para realizar objetivos conjuntos: uma série de conhecimentos, crenças e suposições partilhados por todos. Isso importa por motivos de interprevisibilidade: os membros da equipe devem poder prever as ações e os comportamentos dos demais para coordenar e atingir o que pretendem realizar juntos.

Como o consenso da equipe é formado e mantido? Pelo uso da linguagem e comunicação. Pela perspetiva de Clark, esta é a *raison d'être* da comunicação — estabelecer um dispositivo para criar consenso e nos ajudar a agir de modo coordenado uns com os outros. Quando há consenso suficiente, os membros da equipe podem prever as ações uns dos outros com sucesso e se deparar com menos surpresas de execução. Ou seja, eles enfrentam menos problemas de execução porque suas contribuições individuais estão alinhadas. Surpresas de coordenação ocorrem sempre que os membros da equipe veem outros fazer coisas sem sentido em termos de suas próprias crenças. Como notado por Klein (2005), isso gera quebras no consenso, i.e., quando há confusão sobre o que está ocorrendo e quem faz o quê — em outras palavras, quem sabe o quê. Fatores de falha no projeto, como exigências incompletas, expectativas irreais, falta de apoio ou mudanças das exigências, podem ser interpretados como sintomas de falta de consenso, destacando a importância de criar e manter consenso, conhecimento ou compreensão mútua suficiente para garantir um trabalho de equipe bem-sucedido.

Trabalho em Equipe Bem-sucedido

Coordenação Eficiente

Consenso Relevante

Conversas Bem-sucedidas

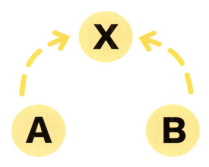

Conhecimento Privado

Todos sabem algo, mas não sabem que outros também sabem.

- A sabe X
- B sabe X

Exemplo

- Ann sabe que um homem está andando na rua
- Bob sabe que um homem está andando na rua
- Ann não sabe que Bob sabe
- Bob não sabe que Ann sabe

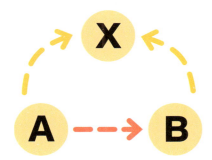

Conhecimento Partilhado

Todos sabem algo, mas somente alguns sabem que os outros sabem.

- A sabe X
- B sabe X
- A sabe que B sabe X
- B não sabe que A sabe X

Exemplo

- Ann sabe que um homem está andando na rua
- Bob sabe que um homem está andando na rua
- Ann sabe que Bob sabe
- Bob não sabe que Ann sabe

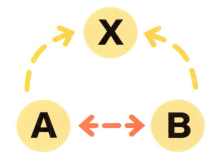

Consenso, Conhecimento Comum e Compreensão Mútua

Todos sabem algo e também sabem que todos os outros sabem.

- A sabe X
- B sabe X
- A e B sabem que ambos sabem X

Exemplo

- Ann sabe que um homem está andando na rua
- Bob sabe que um homem está andando na rua
- Ann e Bob sabem que ambos sabem

J. De Freitas, K. Thomas, P. DeScioli e S. Pinker, "Common Knowledge, Coordination, and Strategic Mentalizing in Human Social Life", Proceedings of the National Academy of Sciences 116, nº 28 (2019): 13751–13758.

4.1 Compreensão Mútua e Consenso

Criando Consenso

O consenso se acumula como resultado de um processo social e cognitivo descrito como "processo de denominador comum", por Herb Clark. Esse processo permite a duas ou mais pessoas criar e validar a compreensão mútua sinalizando (1) que evidências de entendimento foram atingidas ou (2) que erros de compreensão existem e que são necessárias mais iterações para serem bem-sucedidas.

1
Sinalizando Compreensão

A compreensão mútua é atingida quando as pessoas sinalizam, verbalmente ou não, evidência positiva da compreensão.

Em uma conversa, sinais positivos incluem:

- Gestos de cabeça: "Ah-han", "Entendo", "Hum"
- Continuação: Continuar a frase do outro
- Resposta: Responder uma pergunta
- Exemplo: Mostrar um exemplo do que foi dito

Esse processo de denominador comum se desenrola em três atividades, ou níveis, que ocorrem ao mesmo tempo. Falantes e ouvintes precisam subir juntos uma escada virtual nesta sequência:

1. **Atenção**: Falantes fazem sons e gestos aos quais os ouvintes devem prestar atenção.
2. **Percepção**: Falantes devem formular mensagens com esses sons e gestos, que devem ser identificados pelos ouvintes.
3. **Compreensão**: Falantes devem dizer algo com essas mensagens, e ouvintes devem fazer as deduções certas para entendê-las.

2
Sinalizando Incompreensão

Quando os fatos não estão claros, os seguintes sinais mostram a incompreensão ou evidências negativas de compreensão:

- Hesitação: "Ahn"
- Reformulação: "Se entendi...", "Você quer dizer..." etc.
- Esclarecimento: Faça boas perguntas esclarecedoras, usando o Localizador de Fatos, por exemplo.

Esses mecanismos de correção criam novas oportunidades para criar compreensão mútua.

+
Pergunte, Escute, Repita.

Um método simples para melhorar a compreensão mútua é validar o que você entendeu repetindo o que a outra pessoa acabou de falar.

O Processo do Denominador Comum

Falar e ouvir são uma atividade conjunta, como dançar uma valsa ou tocar um dueto ao piano. A participação ativa das duas partes é necessária a cada passo para criar consenso com sucesso.

4.1   Compreensão Mútua e Consenso

O Impacto dos Canais de Comunicação na Criação de Consenso

Nem todos os canais de comunicação têm o mesmo impacto na criação de consenso (Clark e Brennan, 1991). Conversas diretas ainda são a tecnologia mais eficiente seguidas de videoconferências, que representam um grande progresso na redução da barreira da distância e no desenvolvimento de experiências de imersão. Forças-tarefas no mesmo local, salas de guerra e unidades de crises ainda ilustram a importância de reuniões presenciais para criar conhecimento comum depressa quando as pessoas precisam ser muito eficientes.

Todos os outros canais de comunicação apresentam obstáculos comparados à interação direta — por exemplo, a falta de informações não verbais e contextuais, sinal deficiente, delays ou a incapacidade de obter uma explicação imediata ao receber um e-mail ambíguo. Esses obstáculos reduzem muito sua capacidade de criar consenso e coordenar a equipe.

Comunicação Sincronizada

Prefira reuniões presenciais, vídeo e audioconferências quando o consenso do grupo precisar de um forte impulso, por exemplo, quando:

- Iniciar novas atividades e projetos
- Resolver problemas
- Realizar tarefas criativas

Comunicação Não Sincronizada

Use e-mail, salas de chat e outras mídias não sincronizadas para atualizações incrementais como:

- Notificar mudanças
- Coeditar documentos
- Compartilhar atualizações
- Relatórios de status

Eficiência da Comunicação em Vários Tipos de Mídia

+

Um pedido feito pessoalmente é 34 vezes mais bem-sucedido que um e-mail.

Vanessa K. Bohns, Harvard Business Review 2017

Adaptado de Media Richness Theory, https://en.wikipedia.org/Media_richness_theory

| Conversa presencial | Conversa por vídeo | Conversa telefônica | Cartas, e-mails e relatórios | Mensagens curtas | Spams não endereçados, pôsteres |

4.2
Confiança e Segurança Psicológica

Mergulhe mais fundo no trabalho de Amy Edmondson.

4.2 Confiança e Segurança Psicológica

O que É Segurança Psicológica e como Ela Ajuda as Equipes a Terem Melhor Desempenho?

Segundo Amy Edmondson, a segurança psicológica é "a certeza de que a equipe está segura para assumir riscos interpessoais. Que ninguém será punido ou humilhado por revelar ideias, dúvidas, preocupações e erros". Quando o ambiente é psicologicamente seguro, os membros da equipe não receiam se manifestar; eles têm um diálogo produtivo que promove comportamentos de aprendizado proativos exigidos para compreender o ambiente, os clientes e resolver problemas juntos com eficiência.

Resolver problemas complexos é essencial em todos os negócios inovadores, onde se exige constante experimentação: fases intensas de tentativa e erro até as equipes acertarem, o que, por definição, é a base da inovação dos negócios. Ao se defrontarem com incertezas, equipes com segurança psicológica são impelidas para uma espiral de desempenho, onde cometer erros não é considerado uma falha, mas

uma experimentação e oportunidade de aprendizado. Criar segurança não é ser legal uns com os outros ou reduzir padrões de desempenho, mas, sim, criar uma cultura de franqueza na qual os integrantes possam compartilhar conhecimentos, ser diretos, assumir riscos, admitir que fizeram uma "cagada" e estar dispostos a pedir ajuda quando têm dificuldades de compreensão.

Nas equipes de desempenho excelente do Google, as pessoas sentem-se seguras para se manifestar, colaborar e experimentar juntas. Um amplo estudo interno conduzido por suas equipes de RH destacou a segurança psicológica como o principal fator para um alto desempenho da equipe.

Em um mundo caracterizado por Volatilidade, Incerteza, Complexidade e Ambiguidade (VUCA), criar e manter um ambiente com segurança psicológica deve ser prioridade do gestor para os que querem acompanhar a competitiva corrida mundial.

Como observado por Edmondson, a segurança psicológica não significa

ser agradável ou cumprir padrões de desempenho. Conflitos surgem em todas as equipes, mas a segurança psicológica possibilita canalizar essa energia para interações produtivas, isto é, divergir de modo construtivo, trocar ideias com franqueza e aprender com diferentes pontos de vista. Da mesma forma, a segurança psicológica não trata de criar um ambiente confortável com o relaxamento dos padrões de desempenho e não responsabilizar as pessoas no nível individual. A segurança psicológica e os padrões de desempenho são duas dimensões separadas, igualmente importantes, e ambas são necessárias para atingir um desempenho superior da equipe (Edmondson, 2018).

A. C. Edmondson, A Organização sem Medo: Criando Segurança Psicológica no Local de Trabalho para Aprendizado, Inovação e Crescimento (*Alta Books, 2021*).

A Segurança Psicológica e o Desempenho nos Negócios

Padrões elevados psicológicos e de desempenho são necessários para entrar na zona de aprendizado para que a equipe atinja um desempenho superior.

Adaptado de Amy Edmondson.

Zona de Conforto
Membros de equipes gostam de trabalhar juntos, mas não são desafiados pelo trabalho e não veem razões convincentes para se envolver em desafios adicionais.

Zona de Aprendizado
Todos podem colaborar, aprender um com o outro e realizar um trabalho complexo e inovador.

Zona de Apatia
As pessoas estão fisicamente presentes, mas sua mente está distante. Muita energia é desperdiçada para piorar a vida umas das outras.

Zona de Ansiedade
Talvez a pior zona na qual trabalhar, as pessoas precisam atingir elevados padrões e expectativas praticamente sozinhas, porque desconfiam e ficam ansiosas diante de seus colegas.

Segurança Psicológica

Padrões de Desempenho

4.2 Confiança e Segurança Psicológica

Como Avaliar Rapidamente a Segurança Psicológica

Estas sete questões ajudam a identificar o que funciona bem e áreas que precisam de melhoria. Recomendamos que esta avaliação seja feita entre colegas do mesmo nível hierárquico para evitar respostas parciais.

1 Responda individualmente

Use dois minutos para responder as sete perguntas individualmente e calcule sua pontuação pessoal.

2 Compartilhe a pontuação pessoal

Compartilhe a pontuação pessoal com os colegas.

3 Discuta e investigue diferenças

Mantenha uma discussão aberta para entender as diferentes percepções, pergunta a pergunta.

4 Concorde com possíveis ações

Se forem identificadas áreas para melhoria, concorde com as soluções adequadas. Os quatro complementos mostrados na página seguinte ajudarão.

		Discordo Totalmente	Discordo	Discordo em Parte	Neutro	Concordo em Parte	Concordo	Concordo Totalmente	Sua Pontuação
1 Aprender com os erros	Se comete um erro na equipe, geralmente é responsabilizado por ele.	7	6	5	4	3	2	1	
2 Conflito produtivo	Membros da equipe conseguem falar de problemas e questões difíceis.	7	6	5	4	3	2	1	
3 Ganho com diversidade	Às vezes, pessoas na equipe rejeitam outras por serem diferentes.	7	6	5	4	3	2	1	
4 Promover a exploração	É seguro assumir riscos nesta equipe.	7	6	5	4	3	2	1	
5 Auxílio mútuo	É difícil pedir ajuda a outros membros desta equipe.	7	6	5	4	3	2	1	
6 Parceria sólida	Ninguém nesta equipe prejudicaria meus esforços de propósito.	7	6	5	4	3	2	1	
7 Contribuições ideais	Ao trabalhar com esta equipe, habilidades e talentos são valorizados e usados.	7	6	5	4	3	2	1	

Total

+ Como regra geral, 40 ou mais pode ser considerado uma boa pontuação total.

Adaptado de Amy Edmondson, 1999.

Diferenças entre Confiança, Segurança Psicológica e Conceitos Similares

Segurança Psicológica

A crença dos membros de que é seguro assumir riscos interpessoais na equipe, que ninguém será punido ou humilhado por apresentar ideias, dúvidas, preocupações ou erros (Edmondson, 1999).

A segurança psicológica descreve o ambiente na equipe e é vivida pelo grupo (Edmondson, 2018); ela capta até que ponto um membro acredita que os outros lhe darão o benefício da dúvida ao assumir riscos (Edmondson, 2004). Ela envolve, mas vai além da confiança.

Adaptado de Frazer et al. (2017).

Empoderamento

O estado de motivação sentido pelos funcionários quando têm uma sensação de controle sobre seu trabalho (Spreitzer, 1955).

Engajamento

O estado cognitivo que descreve indivíduos que investem recursos e energia pessoal em suas funções e tarefas profissionais (Christian, Garza e Slaughter, 2011; Kahn, 1990).

Confiança

A disposição de ser vulnerável às ações dos outros (Mayer, Davis e Schoorman, 1995).

A confiança é vivenciada no âmbito da interação entre dois indivíduos. Pode ser que haja confiança em um colega e não em outro (Edmondson, 2019).

4.3
Tipos de Relacionamento

O ponto de vista da antropologia evolucionária.

4.3 Tipos de Relacionamento

Relacionamentos: Os Quatro Tipos de Comportamento

Quando trabalhamos em equipe, não só trabalhamos; nós também gerimos os relacionamentos com nossos colegas. Constantemente procuramos, fazemos, sustentamos, corrigimos, ajustamos, construímos e sancionamos relacionamentos. O antropólogo Alan Fiske identificou com brilhantismo a "gramática" das relações humanas na forma de quatro tipos de elos, os tipos de relacionamento. Estes quatro tipos de comportamento organizam um modo de distribuir recursos entre participantes (adaptado de Fiske, 1992; e Pinker, 2008).

Os quatro tipos são:

1. **Compartilhamento**: "O que é meu é seu, e vice-versa." As pessoas são motivadas por um senso de pertencimento, e decisões são tomadas por consenso. Comum em casais, amigos íntimos ou aliados.

2. **Autoridade**: "Quem está no controle?" As pessoas são motivadas por poder, e normas e decisões são autoritárias; uma pessoa está posicionada acima (ganhando prestígio), e as outras, abaixo (ganhando proteção). Comum em estruturas hierárquicas de chefes e subordinados, soldados e comandantes ou professores e alunos.

3. **Reciprocidade**: "O mesmo para todos." As pessoas são motivadas pela igualdade, e decisões são tomadas por voto (uma pessoa, um voto). Comum em grupos de pares, como clubes, caronas e conhecidos: receber e dar presentes, ser convidado e convidar em retribuição etc.

4. **Barganha**: "Para cada um, a devida proporção." As pessoas são motivadas por realizações; transações são baseadas em utilidade percebida, desempenho individual e preço de mercado. Comum em negócios voltados para lucro, mercado de ações, relacionamentos entre comprador e vendedor.

Fiske revela que, quando as duas partes atuam do mesmo modo, as coisas funcionam bem. Mas se as partes atuam em modos diferentes — há um descompasso no tipo de comportamento —, as coisas vão mal. Para aumentar a complexidade, nunca interagimos mutuamente usando só um tipo. Constantemente, mudamos os modos, dependendo do contexto e da tarefa a realizar. O desafio está em caminhar juntos com sucesso nas mudanças de tipo de comportamento, porque as regras do jogo se alteram a cada um deles.

A. P. Fiske, "The Four Elementary Forms of Sociality: Framework for a Unified Theory of Social Relations", Psychological Review 99 *nº 4 (1992): 689.*

S. Pinker, M. A. Nowak e J. J. Lee, "The Logic of Indirect Speech", Proceedings of the National Academy of Sciences *105. nº 3 (2008): 833–838.*

+

Qual é o modo de comportamento principal de sua equipe, em quais situações?

Compreender e alinhar tipos de comportamento reduz deslizes involuntários; em cada tipo, as regras mudam, assim como os comportamentos esperados.

Expectativas do Trabalho em Equipe

Modo de comportamento	Partilhar O que é meu é seu	Autoridade Quem é o responsável?	Reciprocidade Dar e receber	Barganha Pagar na devida proporção
Surge nas crianças na	Infância	Idade de 3 anos	Idade de 4 anos	Idade de 9 anos
Motivação principal	Pertencimento • Intimidade • Altruísmo • Generosidade • Gentileza • Cuidado	Pertencimento • Poder vs. proteção • Status, reconhecimento vs. obediência lealdade	Igualdade • Tratamento igual • Justiça rígida	Realização • Utilidade • Benefícios • Lucros
Exemplos	Famílias, amigos íntimos, clubes, grupos étnicos, movimentos sociais, comunidades de código aberto	Subordinados e seus chefes, soldados e comandantes, professores e alunos	Colegas de quarto (tarefas, rodadas de cerveja), caronas, conhecidos (receber e dar presentes, jantares, aniversários)	O mundo dos negócios: comprador e vendedor, obter o melhor negócio, ter lucro, negociar um contrato, receber dividendos
Organização	Comunidade	Hierárquica	Grupo de pares	Racionalmente estruturada
Contribuição dos membros	Todos contribuem segundo as habilidades pessoais	Supervisores direcionam e controlam o trabalho	Todos fazem trabalho igual ou equivalente	O trabalho é dividido com base em desempenho e produtividade
Processo de tomada de decisão	Consenso	Cadeia de autoridade	Votos, sorteios	Argumentos
Propriedade de recursos	Propriedade de todos, sem contabilidade	Aumenta com o nível hierárquico	Divididos em partes iguais	Em proporção à contribuição ou ao capital investido
Recompensas	Pool de recompensas, sem bônus individual	Por cargo e senioridade	Mesma recompensa da mesma quantia para todos	Por valor de mercado e desempenho individual

4.3 Tipos de Relacionamento

Cruzar Modos de Comportamento: Não É uma Boa Ideia

Emoções podem sair do controle quando supomos que os outros estão no mesmo tipo de comportamento que nós, mas não estão. Os comportamentos percebidos como apropriados em um modo podem ser percebidos como totalmente inadequados em outro. Todos fazem seu melhor, mas as pessoas ofendem umas às outras involuntariamente só por estarem em um modo diferente. Isso cria situações em que as partes ficam constrangidas, isoladas ou até desmoralizadas (Pinker, 2007).

Modos Alinhados

Modos Não Alinhados

Amigo íntimo
(Compartilha = Compartilha)

Tira a comida do prato de...

Um superior
(Compartilha ≠ Autoridade)

S. *Pinker*, The Stuff of Thought: Language as a Window into Human Nature (*Penguin*, 2007).

Em equipes, tipos de comportamento não alinhados criam situações estranhas, prejudicam relacionamentos e podem se transformar em conflitos.

Um cliente
(Barganha = Barganha)

Lucrar com a venda para...

O pai
(Barganha ≠ Compartilhamento)

Em um restaurante
(Barganha = Barganha)

Pagar seu jantar...

Na casa de seus pais
(Barganha ≠ Compartilhamento)

Como profissional experiente, Tati tenta orientar os outros, enquanto eles supõem que todos devam poder dar sua opinião igualmente.
(Autoridade ≠ Reciprocidade)

A equipe está esperando pela orientação de Antonio, enquanto ele supõe que não deve assumir essa responsabilidade, pois não é pago para isso.
(Autoridade ≠ Barganha)

Susan acha que Ann é a mais competente para visitar um cliente com ela. Outros acham que é uma questão de revezamento.
(Barganha ≠ Reciprocidade)

4.3 Tipos de Relacionamento

Modos de Comportamento Alinhados: Essenciais para Empresas Familiares

O risco de conflitos é alto em empresas familiares. Colaborar com membros da família em um contexto empresarial cria um ambiente relacional muito complexo.

Em um sistema de empresa familiar, muitas vezes os membros acumulam várias funções (membro da família, dono, gerente), o que implica diferentes sistemas de valor e interesse. Quanto mais funções os membros da família acumulam, maior é a probabilidade de ultrapassar os limites de cada um e vivenciar um tipo de comportamento não alinhado com outros membros. Grandes empresas familiares enfrentam esse desafio desenhando seu próprio modelo de governança familiar para esclarecer as expectativas e estruturar as responsabilidades de cada função. Elas geralmente são compiladas em uma assim chamada constituição familiar, um documento que formaliza os relacionamentos na família, reduzindo conflitos desnecessários devido ao cruzamento de tipos.

Palavras-chave: Empresa familiar, governança familiar, constituição familiar

Kevin
Filho de Samantha, irmão, estudante

Bob
Pai de Samantha, avô, fundador, dono, aposentado

Nina
Filha de Samantha, gerente do negócio familiar

Samantha
Mãe de Nina e Kevin, CEO e dona

Elaborar uma constituição familiar exige muito esforço, habilidade e recursos externos. Para preservar a harmonia, negócios menores de propriedade de famílias como lojas, restaurante e oficinas de artesanato podem, como primeiro passo, criar um Contrato da Equipe para definir algumas regras básicas do jogo nas diferentes funções.

Funções Familiares Se Sobrepõem Como Fonte de Conflitos

Bob (Compartilhamento) — **Samantha** (Autonomia)

Apesar do ano de resultados excepcionais, Bob continua dando longos conselhos para Samantha sobre o que ele teria feito em seu lugar.

Kevin (Compartilhamento) — **Samantha** (Barganha)

Kevin está aborrecido porque a irmã, Nina, não o deixa usar o carro da empresa para ir a uma festa.

Kevin (Reciprocidade) — **Samantha** (Barganha)

Kevin fica ainda mais zangado quando descobre que a irmã recebeu um bônus no trabalho, enquanto ele não tem nenhum dinheiro.

Nina (Barganha) — **Samantha** (Autoridade)

Nina está zangada com a mãe porque ela promoveu outra pessoa para o cargo que ela queria.

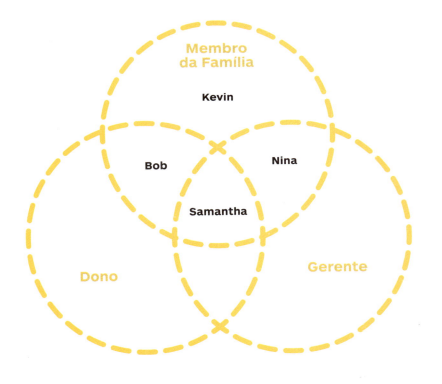

Fonte do Modelo de Três Círculos: R. Tagiuri e J. Davis, "Bivalent Attributes of the Family Firm", Family Business Review 9, nº 2 (verão de 1996), p. 200.

4.4
Face e Polidez

A teoria da face e as duas necessidades essenciais de consideração mútua.

4.4 Face e Polidez

Polidez: Nossas Duas Necessidades Sociais Essenciais

Os antropólogos Penelope Brown e Stephen Levinson ofereceram uma descrição única de consideração mútua em seu livro *Politeness: Some Universals in Language Usage* [*Polidez: Alguns Usos de Linguagem Universais*, em tradução livre]. Eles desenvolveram uma teoria inovadora de polidez baseada no conceito de "face", a partir da expressão "losing face" ["não ter onde enfiar a cara"] descrita pelo sociólogo Erving Goffmann como o valor social positivo que uma pessoa reivindica para si mesma.

Para Brown e Levinson, demonstrar consideração e ser polido significa fazer "trabalho de face" ao cuidar ativamente da face um do outro. Isso é alcançado atendendo a duas "necessidades sociais" universalmente partilhadas (Brown e Levinson, 1987):

- A necessidade de ser aprovado ou valorizado: Quando as ações e os comportamentos dos outros refletem uma imagem positiva de nós mesmos. Isso ocorre quando nos mostram agradecimento, solidariedade, reconhecimento etc., e não ocorre quando somos ignorados, desaprovados ou constrangidos em público.

- A necessidade de autonomia e respeito: A necessidade de proteger nossa liberdade de ação, de não ser impedido ou encurralado pelos outros, e de que nosso território particular não seja invadido. Isso ocorre quando nos pedem permissão para sermos interrompidos, quando ouvimos desculpas com antecedência por um inconveniente ou quando títulos honoríficos, como Sra., Sr., Dr., Prof. etc., são usados para exibir nosso status social. Isso não ocorre quando somos impedidos de tomar o café da manhã para ouvir queixas, quando coisas nos são impostas ou recebemos advertências e intimações.

Essas necessidades quase antagônicas ilustram, segundo o psicólogo Steven Pinker, a dualidade da vida social: conexão e autonomia, intimidade e poder, solidariedade e status. Se eu fizer o que quiser, minha necessidade de ser respeitado será satisfeita, mas posso não ser valorizado pelos outros. Querer ser valorizado e respeitado faz parte de nosso DNA (Fiske, 1992), e nos tornamos muito exigentes quando esses fatores são ameaçados. Demonstrar consideração mútua, na opinião de Brown e Levinson, consiste em fazer o que é certo: escolher as palavras e expressões corretas para reduzir o risco de nos sentirmos constrangidos. Ou seja, ser polido.

Palavras-chave para pesquisa: Teoria da polidez, Brown e Levinson, teoria do falante estratégico, Steven Pinker, polidez.

Valorizamos pessoas que mostram consideração ao respeitar nossas duas necessidades sociais. Gostamos menos de quem não o faz. O mesmo se aplica aos outros.

Necessidade social de ser respeitado

Parabéns!

Necessidade social de ser valorizado

Posso pedir que me acompanhe?

O que É um Processo Justo?

Valorizar e respeitar os outros são dois pilares essenciais da justiça. A justiça é um fundamento crucial sobre o qual formar equipes e implementar qualquer iniciativa de diversidade, equidade e inclusão.

Implementar um processo justo em uma equipe ou organização consiste em tomar decisões para que as necessidades de todos, a serem valorizadas e respeitadas, sejam tratadas com equidade. Como mostrado por Cham Kim e Renée Mauborgne, em seu INSEAD, isso é atingido adotando os princípios de três níveis de:

1. Engajamento
2. Explicação
3. Clareza de expectativas

Pesquisas mostram que as pessoas aceitam compromissos e até sacrificam interesses pessoais quando acreditam que o processo leva a decisões importantes e os resultados são justos. Apesar das evidências, alguns gestores têm dificuldades em adotar abordagens com processo justo por temerem que sua autoridade seja questionada e seu poder diminua, o que revela a falta de entendimento do processo: um processo justo não significa decidir por consenso ou democracia no local de trabalho. A meta é cuidar e buscar as melhores ideias.

Os Três Princípios de um Processo (de Decisão) Justo

1
Engajamento

Envolver indivíduos em decisões pedindo sua opinião e encorajá-los a desafiar as ideias uns dos outros.

Apoiado pelo:
- Mapa de Alinhamento de Equipes
- Contrato da Equipe

2
Explicação

Esclarecer o raciocínio que baseia uma decisão final.

Apoiada pelo:
- Mapa de Alinhamento de Equipes
- Contrato da Equipe

3
Clareza de Expectativas

Apresentar as novas regras do jogo, incluindo padrões de desempenho, penalidades por falhas e novas responsabilidades.

Apoiada pelo:
- Contrato da Equipe

Fonte: W. Kim e R. Mauborgne, "Fair Process", Harvard Business Review 75 (1997): 65–75.

Modelos

Confira nossos modelos a seguir

Mapa de Alinhamento de Equipes

Missão:

Período:

Objetivos Conjuntos

O que pretendemos atingir juntos?

Comprometimentos Conjuntos

Quem faz o quê e com quem?

Recursos Conjuntos

Que recursos temos?

Riscos Conjuntos

O que pode nos impedir de ter êxito?

© 2020 Stefano Mastrogiacomo. Todos os direitos reservados. www.teamalignment.com

Strategyzer

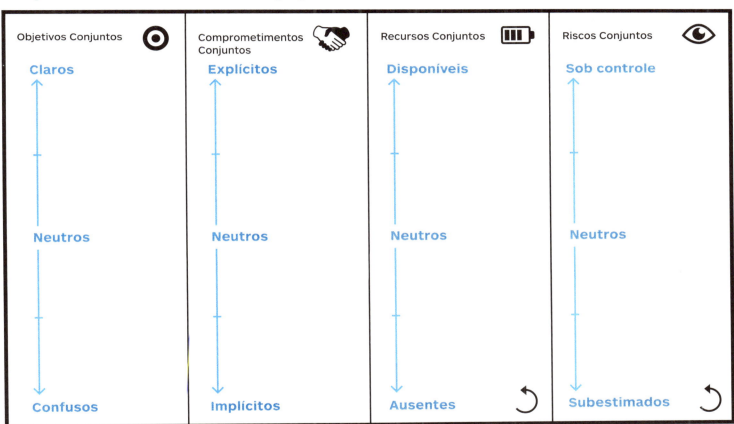

O Contrato da Equipe

Quais são as regras e comportamentos que queremos respeitar na equipe? Como indivíduos, temos preferência por trabalhar de certa maneira?

Equipe:

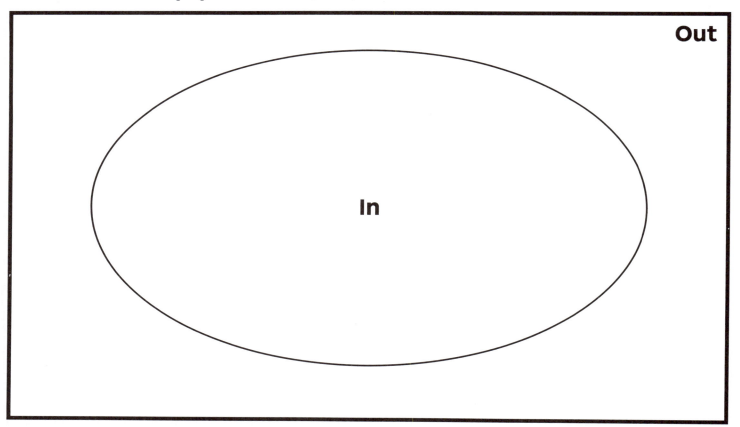

© 2020 Stefano Mastrogiacomo. Todos os direitos reservados. www.teamalignemnt.co

Strategyzer

O Localizador de Fatos

Suposições
Interpretações criativas,
hipóteses ou previsões

ESCUTE / **PERGUNTE**

"Ele acha…" / *O que o faz pensar que…?*
"Ele acredita que…" / *Como você sabe…?*
"Ele não deveria…" / *Que evidências*
"Ele gosta de…" / *mostram isso?*
"Você/eles irão…" / *O que o faz pensar isso?*
"Os negócios/a vida/o amor irão…"

Limitações
Restrições imaginárias e
obrigações que limitam as opções

ESCUTE / **PERGUNTE**

"Eu preciso…" / *O que pode acontecer se…?*
"Temos que" / *O que nos impede de*
"Não posso…" / *(ou você)…?*
"Eu não…"
"Não deveríamos…"

**Fatos ou Experiências
Incompletas**
Falta de precisão na descrição

ESCUTE / **Fatos Completos** / **PERGUNTE**

"Ouvi…" / *Quem? O quê?*
"Eles disseram…" / *Quando? Onde?*
"Ela viu…" / *Como? Quantos?*
"Eu sinto…" / *Você pode ser*
mais preciso?
O que quer
dizer com…?

Realidade de primeira ordem
*Qualidades físicas observáveis
de uma coisa ou situação*

Generalizações
Tornando um caso particular
em universal

ESCUTE / **PERGUNTE**

"Sempre" / *Sempre?*
"Nunca" / *Nunca?*
"Ninguém" / *Ninguém?*
"Todo mundo" / *Todo mundo?*
"Pessoas" / *Pessoas?*
/ *Você tem certeza?*

Julgamentos
Avaliação subjetiva de uma
coisa, situação ou pessoa

ESCUTE / **PERGUNTE**

"Eu estou…" / *O que lhe diz…?*
"A vida é…" / *Como isso se manifesta?*
"É bom/ruim…" / *Por que isso é inaceitável?*
"É importante…" / *Tem alguma ideia?*
"É fácil/difícil…"

Realidade de Segunda Ordem
*Percepções, interpretações pessoais
da realidade de primeira ordem*

© 2020 Stefano Mastrogiacomo. Todos os direitos reservados. www.teamaligment.co

Ⓤ Strategyzer

O Cartão do Respeito
Dicas para comunicação diplomática.

 Necessidade de ser respeitado
Demonstre Respeito

Questionar em vez de ordenar
Será que você...?

Expressar dúvida
Acho que você não poderia...?

Confirme o pedido
..., se possível.

Reconheça a intrusão
Sei que está ocupado, mas...

Mostre relutância
Normalmente eu não pediria, mas...

Desculpe-se
Sinto incomodá-lo, mas...

Reconheça a dívida
Eu ficaria agradecido se você pudesse...

Use títulos
Sr., sra., senhorita, professor, dr. etc

Seja indireto
Estou procurando uma caneta.

Peça desculpas
Por favor, me desculpe, mas...
Pode me emprestar sua caneta?

Minimize o pedido
Eu só queria saber se posso usar sua caneta.

Pluralize a pessoa responsável
Esquecemos de lhe dizer que você precisava comprar a passagem aérea até ontem.

Hesite
Será que eu... ahn...?

Soe impessoal
Não é permitido fumar.

 Necessidade de ser valorizado
Demonstre Reconhecimento

Agradecimento
Muito obrigado.

Desejo
Fique bem, tenha um bom dia.

Pergunta
Você está bem? Como vão as coisas?

Elogio
Belo suéter.

Antecipação
Você deve estar com fome.

Conselho
Cuide-se.

Simpatia
Meu amigo, colega, companheiro, amigão, querido.

Peça concordância
Você sabe?

Pense nos outros
Você deve estar com fome, faz muito tempo desde que tomou café. Que tal irmos almoçar?

Evite divergências
A: Você não gostou?
B: Sim, gostei, mas... não costumo comer isto, mas está bom.

Admita concordância
Então, quando virá nos ver?

Confirme a opinião
Acho que você deveria se esforçar mais.

COMPORTAMENTOS ARRISCADOS
Dar ordens diretas
Interromper
Advertir
Proibir
Ameaçar
Sugerir
Lembrar
Aconselhar

COMPORTAMENTOS ARRISCADOS
Constranger
Desaprovar
Ignorar
Criticar abertamente
Desprezar, ridicularizar
Falar só de si mesmo
Mencionar temas tabu
Insultar, acusar, queixar-se

© 2020 Stefano Mastrogiacomo. Todos os direitos reservados www.teamalignment.co

Strategyzer

O Guia de Pedidos Não Violentos

Sentimentos *negativos quando suas necessidades não são satisfeitas*

Necessidades

Aborrecimento
chateado
desanimado
desesperado
frustrado
furioso
impaciente
insatisfeito
irritado

Anseio
ciumento
desejoso
invejoso
nostálgico
pensativo
saudoso

Aversão
chocado
com ódio
desgostoso
enjoado
enojado
horrorizado
hostil
indiferente

Confusão
ambivalente
atordoado
confuso
desconcertado
desorientado
devastado
hesitante
perdido
perplexo
surpreendido

Constrangimento
afobado
alienado
apático

atordoado
ausente
culpado
decepcionado
Desconexão
desinteressado
desligado
entediado
envergonhado
frio
indiferente
inibido
mortificado
retraído

Fadiga
cansado
derrotado
esgotado
exaurido
exausto
indiferente
letárgico
sonolento

Inquietação
abalado
aflito
agitado
alarmado
ansioso
aturdido
chateado
chocado
conturbado
desconcertado
desconfortável
inseguro
instável
nervoso
perturbado
preocupado
surpreso

Medo
apavorado
apreensivo
assustado
aterrorizado
com mau pressentimento
desconfiado
em pânico
petrificado
preocupado
receoso

Sofrimento
agoniado
angustiado
arrasado
arrependido
compungido
desolado
enlutado
infeliz
magoado
solitário
triste

Tensão
aflito
angustiado
ansioso
assoberbado
esgotado
estressado
impaciente
inquieto
irritadiço
irritável
ma-humorado
nervoso
trêmulo

Tristeza
abatido
angustiado

deprimido
desalentado
desanimado
desapontado
desencorajado
desesperançado
desiludido
desventurado
exasperado
infeliz
melancólico
taciturno

Vulnerabilidade
cauteloso
desconfiado
frágil
impotente
inseguro
reservado
sensível

Zanga
colérico
enfurecido
escandalizado
furioso
indignado
irado
ressentido
revoltado

Quando você

_____

OBSERVAÇÃO

Eu sinto

_____

SENTIMENTO

Preciso que

_____

NECESSIDADE

Por favor, poderia...

_____?

PEDIDO

Autonomia
escolha
espaço
espontaneidade
independência
liberdade

Bem-estar físico
abrigo
água
ar
comida
descanso/sono
exercício
movimento/segurança
toque

Conexão
aceitação
afeição
amor
apoio
compaixão
companheirismo
compreender e ser compreendido
comunicação
confiança
conhecer e consideração
consistência
cooperação
cordialidade
cuidado
empatia
estabilidade
inclusão
intimidade
mutualidade
pertencimento
proximidade
respeito/autorrespeito
segurança
senso de comunidade

ser conhecido
ser visto
valorização
ver e

Diversão
alegria
humor

Honestidade
autenticidade
integridade
presença

Paz
beleza
comunicação
harmonia
igualdade
inspiração
ordem
tranquilidade

Propósito
aprendizado
celebração da vida
clareza
competência
consciência
contribuição
crescimento
criatividade
desafio
descoberta
efetividade
eficácia
entendimento
esperança
estímulo
expressão
importância
luta
participação
propósito
reconhecimento

© 2020 Stefano Mastrogiacomo. Todos os direitos reservados. www.teamalignment.co
Lista de sentimentos e necessidades tiradas de © Center of Nonviolent Communication, www.cnvc.org.

Strategyzer

Referências

Seção 1: Descubra o Mapa de Alinhamento de Equipes

Missão e Período

Deci, E. L e R. M. Ryan. *(1985). Intrinsic Motivation and Self-Determination in Human Behavior*. Plenum Press.

Edmondson, A. C e J. F. Harvey. 2017. *Extreme Teaming: Lessons in Complex, Cross-Sector Leadership*. Emerald Group Publishing.

Locke, E. A. e G. P. Latham. 1990. *A Theory of Goal Setting & Task Performance*. Prentice-Hall Inc.

Objetivos Conjuntos

Clark, H. H. 1996. *Using Language*. Cambridge University Press.

Klein, H. J., M. J. Wesson, J. R. Hollenbeck e B. J. Alge. 1999. "Goal Commitment and the Goal-Setting Process: Conceptual Clarification and Empirical Synthesis." *Journal of Applied Psychology* 84 (6): 885.

Lewis, D. K. 1969. *Convention: A Philosophical Study*. Harvard University Press.

Locke, E. A. e G. P. Latham. 1990. *A Theory of Goal Setting & Task Performance*. Prentice-Hall.

Schelling, T. C. 1980. *The Strategy of Conflict*. Harvard University Press.

Comprometimentos Conjuntos

Clark, H. H. 2006. "Social Actions, Social Commitments." In *Roots of Human Sociality: Culture, Cognition and Human Interaction*, editado por Stephen C. Levinson e N. J. Enfield, 126–150. Oxford, UK: Berg Press.

Edmondson, A. C e J. F. Harvey. 2017. *Extreme Teaming: Lessons in Complex, Cross-Sector Leadership*. Emerald Publishing.

Gilbert, M. 2014. *Joint Commitment: How We Make the Social World*. Oxford University Press.

Schmitt, F. 2004. *Socializing Metaphysics: The Nature of Social Reality*. Rowman & Littlefield.

Tuomela, R. e M. Tuomela. 2003. "Acting as a Group Member and Collective Commitment." *Protosociology* 18: 7–65.

Recursos Conjuntos

Corporate Finance Institute® (CFI). n.d. "What Are the Main Types of Assets"? https://corporatefinanceinstitute.com/resources/knowledge/accounting/types-of-assets/

Riscos Conjuntos

Aven, T. 2010. "On How to Define, Understand and Describe Risk." *Reliability Engineering & System Safety* 95 (6): 623–631.

Cobb, A. T. 2011. *Leading Project Teams: The Basics of Project Management and Team Leadership*. Sage.

Cohen, P. 2011. "An Approach for Wording Risks." http://www.betterprojects.net/2011/09/approach-for-wording-risks.html.

Lonergan, K. 2015. "Example Project Risks – Good and Bad Practice." https://www.pmis-consulting.com/example-project-risks-goodandbad-practice.

Mar, A. 2015. "130 Project Risks" (List). https://management.simplicable.com/management/new/130-project-risks.

Power, B. 2014. "Writing Good Risk Statements." *ISACA Journal*. https://www.isaca.org/Journal/archives/2014/Volume-3/Pages/riting-Good-Risk-Statements.aspx#f1.

Project Management Institute. 2013. *A Guide to the Project Management Body of Knowledge* (PMBOK® Guide). 5th ed.

Avaliações

Avdiji, H., D. Elikan, S. Missonier e Y. Pigneur. 2018. "Designing Tools for Collectively Solving Ill-Structured Problems." In *Proceedings of the 51st Hawaii International Conference on System Sciences* (janeiro), 400–409.

Avdiji, H., S. Missonier e S. Mastrogiacomo. 2015. "How to Manage IS Team Coordination in Real Time." In *Proceedings of the International Conference on Information Systems* (ICIS) 2015, dezembro de 2015, 13–16.

Mastrogiacomo, S., S. Missonier e R. Bonazzi. 2014. "Talk Before It's Too Late: Reconsidering the Role of Conversation in Information Systems Project Management." *Journal of Management Information Systems* 31 (1): 47–78.

Seção 2: Ponha o Mapa em Ação

Corporate Rebels. "The 8 Trends." https://corporate-rebels.com/trends/.

Kaplan, R. S. e D. P. Norton. 2006. *Alignment: Using the Balanced Scorecard to Create Corporate Synergies*. Harvard Business School Press.

Kniberg, H. 2014. "Spotify Engineering Culture Part 1." Spotify Labs. https://labs.spotify.com/2014/03/27/spotifyengineering-culture-part-1/.

Kniberg, H. 2014. "Spotify Engineering Culture Part 2." Spotify Labs. https://labs.spotify.com/2014/09/20/.

spotifyengineering-culture-part-2/

Larman, C. e B. Vodde. 2016. *Large-Scale Scrum: More with LeSS*. Addison-Wesley.

Leffingwell, D. 2018. SAFe 4.5 *Reference Guide: Scaled Agile Framework for Lean Enterprises*. Addison-Wesley.

Seção 3: Confiança entre Membros da Equipe

Segurança Psicológica

Christian M. S., A. S. Garza e J. E. Slaughter. 2011. "Work Engagement: A Quantitative Review and Test of Its Relations with Task and Contextual Performance."

Personnel Psychology 64: 89–136. http://dx.doi.org/10.1111/j.1744-6570.2010.01203.x

Duhigg, C. 2016. "What Google Learned from Its Quest to Build the Perfect Team." *New York Times Magazine*. 25 de fevereiro.

Edmondson, A. 1999. "Psychological Safety and Learning Behavior in Work Teams." *Administrative Science Quarterly* 44: 350–383. http://dx.doi.org/10.2307/2666999.

Edmondson, A. C. 2004. "Psychological Safety, Trust, and Learning in Organizations: A Group-Level Lens." In *Trust and Distrust in Organizations: Dilemmas and Approaches*, editado por R. M. Kramer e K. S. Cook, 239–272. Russell Sage Foundation.

Edmondson, A. C. 2018. *The Fearless Organization: Creating Psychological Safety in the Workplace for Learning, Innovation, and Growth*. John Wiley & Sons.

Edmondson, A. C e J. F. Harvey. 2017. *Extreme Teaming: Lessons in Complex, Cross-Sector Leadership*. Emerald Publishing.

Frazier, M. L., S. Fainshmidt, R. L. Klinger, A. Pezeshkan e V. Vracheva. 2017.

"Psychological Safety: A Meta-Analytic Review and Extension." *Personnel Psychology* 70 (1): 113 –165.

Gallo, P. 2018. *The Compass and the Radar: The Art of Building a Rewarding Career While Remaining True to Yourself*. Bloomsbury Business.

Kahn, W. A. 1990. "Psychological Conditions of Personal Engagement and Disengagement at Work." *Academy of Management Journal* 33: 692 –724. http://dx.doi.org/10.2307/256287.

Mayer, R. C., J. H. Davis e F. D. Schcorman. 1995. "An Integrative Model of Organizational Trust." *Academy of Management Review* 20: 709 –734. http://dx.doi.org/10.5465/AMR.1995.9508080335.

Schein, E. H. e W. G. Benni. 1965. *Personal and Organizational Change Through Group Methods: The Laboratory Approach*. John Wiley & Sons.

Spreitzer, G. M. 1995. "Psychological Empowerment in the Workplace: Dimensions, Measurement, and Validation." *Academy of Management Journal* 38: 1442 –1465. doi: 10.2037/256865.

O Contrato da Equipe

Edmondson, A. C. 2018. *The Fearless Organization: Creating Psychological Safety in the Workplace for Learning, Innovation, and Growth*. John Wiley & Sons.

Fiske, A. P. e P. E. Tetlock. 1997. "Taboo Trade-Offs: Reactions to Transactions That Transgress the Spheres of Justice." *PoliticalPsychology* 18 (2): 255 – 297.

O Localizador de Fatos

Edmondson, A. C. 2018. *The Fearless Organization: Creating Psychological Safety in the Workplace for Learning, Innovation, and Growth*. John Wiley & Sons.

Kourilsky, F. 2014. *Du désir au plaisir de changer: le coaching du changement*. Dunod.

Watzlawick, P. 1984. *The Invented Reality: Contributions to Constructivism*. W. W. Norton.

Zacharis, P. 2016. *La boussole du langage*. https://www.patrickzacharis.be/la-boussole-du-langage/.

O Cartão do Respeito

Brown, P. e S. C. Levinson. 1987. *Politeness: Some Universals in Language Usage*. Vol. 4. Cambridge University Press.

Culpeper, J. 2011. "Politeness and Impoliteness." In *Pragmatics of Society*, editado por W. Bublitz, A. H. Jucker e K. P. Schneider. Vol. 5, 393. Mouton de Gruyter.

Fiske, A. P. 1992. "The Four Elementary Forms of Sociality: Framework for a Unified Theory of Social Relations." *Psychological Review* 99 (4): 689.

Lee, J. J. e S. Pinker. 2010. "Rationales for Indirect Speech: The Theory of the Strategic Speaker." *Psychological Review* 117 (3): 785. Locher, M. A e R. J. Watts. 2008.

"Relational Work and Impoliteness: Negotiating Norms of Linguistic Behaviour." In *Impoliteness in Language*. Studies on its Interplay with Power in Theory and Practice, editado por D. Bousfield e M. A. Locher, 77-99. Mouton de Gruyter.

Pinker, S. 2007. *The Stuff of Thought: Language as a Window into Human Nature*. Penguin.

Pinker, S., M. A. Nowak e J. J. Lee. 2008. "The Logic of Indirect Speech." *Proceedings of the National Academy of Sciences* 105 (3): 833–838.

O Guia de Pedidos Não Violentos

Hess, J. A. 2003. "Maintaining Undesired Relationships." In *Maintaining Relationships Through Communication: Relational, Contextual, and Cultural Variations*, editado por D. J. Canary e M. Dainton, 103–124.

Lawrence Erlbaum Associates. Kahane, A. 2017. *Collaborating with the Enemy: How to Work with People You Don't Agree with or Like or Trust*. Berrett-Koehler Publishers.

Marshall, R. e P. D. Rosenberg. 2003. *Nonviolent Communication: A Language of Life*. PuddleDancer Press.

McCracken, H. 2017. "Satya Nadella Rewrites Microsoft's Code." *Fast Company*. 18 de setembro.

Seção 4: Mergulhe Mais Fundo

Compreensão Mútua e Consenso

Clark, H. H. 1996. *Using Language*. Cambridge University Press.

Clark, H. H e S. E. Brennan. 1991. "Grounding in Communication." Perspectives on Socially *Shared Cognition* 13: 127–149.

De Freitas, J., K. Thomas, P. DeScioli e S. Pinker. 2019. "Common Knowledge, Coordination, and Strategic Mentalizing in Human Social Life." *Proceedings of the National Academy of Sciences* 116 (28): 13751–13758.

Klein, G., P. J. Feltovich, J. M. Bradshaw e D. D. Woods. 2005. "Common Ground and Coordination in Joint Activity." In *Organizational Simulation*, editado por W. B. Rouse e K. R. Boff, 139–184. John Wiley & Sons.

Mastrogiacomo, S., S. Missonier e R. Bonazzi. 2014. "Talk Before It's Too Late: Reconsidering the Role of Conversation in Information Systems Project Management." *Journal of Management Information Systems* 31 (1): 47–78.

"Media Richness Theory." Wikipedia. https://en.wikipedia.org/w/index.php?title=Mecia_richness_theory&oldid=930255670.

Confiança e Segurança Psicológica

Edmondson, A. 1999. "Psychological Safety and Learning Behavior in Work Teams.' *Administrative Science Quarterly* 44 (2): 350–383.

Edmondson, A. C. 2018. *The Fearless Organization: Creating Psychological Safety in the Workplace for Learning, Innovation, and Growth*. John Wiley & Sons.

Edmondson, A. C. 2004. "Psychological Safety, Trust, and Learning in Organizations: A Group-Level Lens." In *Trust and Distrust in Organizations: Dilemmas and Approaches*, editado por R. M. Kramer e K. S. Cook, 239–272. Russell Sage Foundation.

Edmondson, A. C e A. W. Woolley, A. W. 2003. "Understanding Outcomes of Organizational Learning Interventions." In *International Handbook on Organizational Learning and Knowledge Management*, editado por M. Easterby-Smith e M. Lyles, 185–211. London: Blackwell.

Tucker, A. L., I. M. Nembhard e A. C. Edmondson. 2007. "Implementing New Practices: An Empirical Study of Organizational Learning in Hospital Intensive Care Units." *Management Science* 53 (6): 894–907.

Face e Polidez

Brown, P. e S. C. Levinson. 1987. *Politeness: Some Universals in Language Usage*. Vol. 4. Cambridge University Press.

Culpeper, J. 2011. "Politeness and Impoliteness." In *Pragmatics of Society*, editado por W. Bublitz, A. H. Jucker e K. P. Schneider. Vol. 5, 393. Mouton de Gruyter.
Fiske, A. P. 1992. "The Four Elementary Forms of Sociality: Framework for a Unified Theory of Social Relations." *Psychological Review* 99 (4): 689.

Kim, W. e R. Mauborgne. 1997. "Fair Process." *Harvard Business Review* 75: 65–75.

Lee, J. J. e S. Pinker. 2010. "Rationales for Indirect Speech: The Theory of the Strategic Speaker." *Psychological Review* 117 (3). 785.

Locher, M. A. e R. J. Watts, R. J. 2008. "Relational Work and Impoliteness: Negotiating Norms of Linguistic Behaviour." In *Impoliteness in Language. Studies on its Interplay with Power in Theory and Practice*, editado por D. Bousfield e M. A. Locher, 77–99. Mouton de Gruyter.

Pless, N. e T. Maak. 2004. "Building an Inclusive Diversity Culture: Principles, Processes and Practice." *Journal of Business Ethics* 54 (2): 129 –147.

Pinker, S. 2007. *The Stuff of Thought: Language as a Window into Human Nature*. Penguin.

Pinker, S., M. A. Nowak e J. J. Lee. 2008. "The Logic of Indirect Speech." *Proceedings of the National Academy of Sciences* 105, (3): 833–838.

Índice

A

Aceitação da equipe, 52

Agile, Projetos

  alinhados em, 174

  em sessões ME, 154

  sobre, 153

Alinhados, Modos de relacionamento, 278–279

Alinhamento

  alinhamento em equipes multidisciplinares, 178–179

  bem–sucedido vs. mal sucedido, 12–13

  definição, 12

  fatores de sucesso no, 12–13

  fatores de insucesso, 12–13

  impacto da equipe afetado pelo, 18–19

  inicial em projetos, 152–153

  mantendo, com o MAE, 156–157

  organizacional (ver Organizacional, Alinhamento)

  projetos completos, 154–155

Alocação de recursos, 180–181

Alto volume de trabalho repetitivo, 203

Ambiente da equipe

  importância do, 10

  inadequado, sinais de, 11

Ambientes psicologicamente inseguros, 14

Aprendizado elevado da equipe, 15

Aprovação, necessidade de, 284

Área do atacante, 51–52

Ataques, 246–247

Atividades de Equipe

  avaliando projetos e equipes com, 106–107

  complementos (ver Complementos do MAE)

  comprometimentos conjuntos, 62–69

  importância das, 10

  local de trabalho, 50–51

  missão e período em, 52–53

  modelo, 290–291

  objetivos conjuntos, 54–62

  para reuniões (ver Reuniões)

  pilares de, 50–85

  riscos conjuntos, 78–85

  sinais de não alinhamento, 11

Atividades de equipe não alinhadas, sinais de, 11

Ausência de stakeholders, gerindo, 145

Autonomia

alinhada, 174

necessidade de, 284

Autoridade, Modo de, em
relacionamentos, 276–277

Avaliação, Modo de (do MAE), 21,
106–121

Corrigir (etapa 3), 114–115

exemplo, 118–119

prontidão vs. resolução de problemas
em avaliações, 116–117

Refletir (etapa 2)

Revelar (etapa 1)

Avaliações

no papel, 185

online, 184–185

de projetos, usando o MAE, 106–107

prontidão, 117

resolução de problemas, 117

B

Baixo consenso, 13–14

Baixo aprendizado da equipe, 14

Baixo desempenho da equipe, 14

Barganha, modo de, em
relacionamentos, 276–277

BMC (Business Model Canvas), 180,
182–183

Brown, Penelope, 284

C

Cartão do Respeito (Ver, do
Respeito, Cartão)

Cartas endereçadas, 265

Centro de Comunicação Não Violenta,
xi, 250

Clareza, falta de, 144

Clareza de expectativas em processo
justo, 286–287

Clark, Herbert, x, 260, 262

CNV (comunicação não violenta),
242, 249

Colaboração entre departamentos e
funções, 178–179

Coletar (no quadro Kanban), 160

Comprometimentos

ambíguos, 66

conjuntos (veja Conjuntos,
Comprometimentos)

Comprometimentos tácitos, 66

Comunicação não violenta (CNV),
242, 249

Comunicação

armadilhas da, 210, 212–213

bem–sucedida vs. mal sucedida, 13

bem–sucedida, 13

comunicação não sincronizada, 264

e canais de comunicação, 264,265

e diálogo presencial, 12, 264, 165

eficiência de tipos de meios
para, 265

malsucedida, 13

não violenta, 242, 249

sincronizada, 264

usando o Cartão do Respeito para
(*Veja* Cartão do Respeito)

Confiança

falta de, nas equipes, 11

segurança psicológica vs., 272–273

uso de complementos para criar,
22–23

Conflito, gerindo, 268. 280.
Veja também Guia de Pedidos
Não Violentos

Conforto, Zona de, 269

Conhecimento comum, 260–261

Conhecimento compartilhado, 261

Conjuntos, Comprometimentos, 62–69

analisando, no Modo de
Avaliação, 113

definindo, 66–67

definindo, no local de trabalho,
50–51

exemplos, 68–69

no passe para frente (exemplo), 91,
95, 99

Conjuntos, Objetivos (ver
objetivos conjuntos)

Consenso

em ambientes psicologicamente
inseguros vs. seguros, 14–15

baixo, 13–14

canais de comunicação impactando,
264–265

criando, 262–265

definindo, 260–261

elevado, 15

importância nas equipes, 12

irrelevante, 13

relevantes vs. irrelevantes
ou baixos, 13

relevantes, 13

Contrato da Equipe (Ver, Equipe,
Contrato de)

Contrato da Equipe, Quebras no,
200–201

Coordenação efetiva vs. surpresas de
coordenação, 13

Coordenação, surpresas de, 13, 260

Corrigir (Etapa 3 do Modo de
Avaliação), 114–115

exemplo, 119

com iniciativas estratégicas, 187

para reuniões (exemplo), 143

D

Datas de entrega, 166

Decisão com base em informações, tomada de. 140–141

Definição de resultados finais, 60

Descumprimento do Contrato da Equipe, 200–201

Desempenho elevado da equipe, 15

Diálogo direto, 12, 264, 265

Diálogo interior, 249

Diretos, Pedidos, 235

Divergências, lidando com, 144

Druker, Peter, 10

E

Edmondson, Amy, x, 52, 200, 202, 168

Efetiva, Coordenação, 13

E–mails, 265

Emoções
  como KPIs, 145
  e modos de relacionamento, 278–279
  quando necessidades não são satisfeitas, 250
  quando necessidades são satisfeitas, 251

Empoderamento, 174–175, 272

Empoderamento, reuniões de, 174–175

Endereçadas, cartas, 265

Endereço, spam sem, 265

Engajamento
  da equipe, 135–137
  e segurança psicológica, 273
  em processo justo, 286–287

Equipe, Contrato de
  aplicando, 196–197
  como companheiro do MAE, 198–199
  convenções leves e pesadas em, 194–195
  estruturando falha no, 202–203
  Ins e Outs em, 192–193
  modelo, 292
  não cumprimento do, 200–201
  sobre, 22–23, 190–191

Equipe(s)
  aceitação, 52
  alinhamento e segurança afetando o impacto de, 18–19
  alinhamento multidisciplinar, 179
  aprendizado, 14–15

desempenho de, em ambientes
seguros vs. inseguros, 14–15

empoderamento por, 174

engajamento em, 136–137

fatores que contribuem para o mau
desempenho, 1011–, 174

importância da missão para
motivação da, 52

usando o MAE para avaliar, 106–107

validação em (*veja* Validação
de Equipes)

Equipes, aprendizado, 14–15

Equipes de alto desempenho, 268

Equipes multidisciplinares, 178–179

Esclarecer (no quadro Kanban), 160

Explicação em processo justo,
286–287

Expressando respeito, 228–229

F

Falhas

complexas, 203

e consenso, 260

estruturar, no Contrato da Equipe,
202–203

inteligentes. 203

preveníveis, 203

Falhas complexas, 203

Falhas em operações complexas, 203

Família, constituição, 280

Família, negócios de, 280–281

Fatores de alinhamento mal sucedido,
12–13

Fatos, Localizador de, 208–219

armadilhas de comunicação,
212–213

dicas de profissional para, 218–219

modelo, 293

na prática, 214–215

sobre, 22–23, 210–211

Fatos obscuros, 210

Fatores que contribuem para mau
desempenho das equipes,
10–11, 174

Fiske, Alan, x, 276

G

generalizações, 210, 213, 215

Gestão de risco profissional, 82

Gilbert, Margret, 66

Google, 268

Guia de Pedidos não Violentos,
240–251

e ataques vs. pedidos não violentos,
246–247

dicas de profissional para, 248–249

modelo, 295

origens do, 250–251

na prática, 244–245

sobre, 22–23, 242–243

Harvard Business School, x

Harvard, Universidade de, xi

Incompletos, fatos, 213–214

Indelicadeza, 235

Indireto, Pedido, 235

Informações, Tomada de decisão com base em, 140–141

Iniciativa estratégica, avaliação. 184–187

Iniciativas, transformação, 188–189

Inovação

   ambiente inseguro na equipe minando, 14–15

   falhas na, 203

INSEAD, 286

Inseguro, ambiente de equipe:

   inovação minada por, 14–15

   sinais de, 11

Instituto de Pesquisa Mental, xi

Inteligentes, falhas, 203

Interpretação no Localizador de Fatos, 210

Inventário de necessidades, 251

Irrelevante, consenso, 13

Julgamentos, 210, 213, 215

K

Kanban, Em estilo, 158–161

   na prática, 160–161

   sobre, 158–159

Kim, Cham, 286

Klein, G., 260

Kniberg, Henrik, 174

Kourilsky, Françoise, xi

KPIs, considerando emoções como, 145

L

Lean, ciclo UX, 256

Levinson, Stephen, 284

Líderes:

    e alinhamento multidisciplinar, 179

    equipes empoderadas por, 174

    negociando recursos com, 180

Limitações, 210, 213, 215

Localizador de fatos, Avaliação no, 210

M

MAE (*ver* Mapa de Alinhamento de
    Equipes)

MAE, complementos

    Localizador de Fatos (ver
        Localizador de Fatos)

Guia de Pedidos não Violentos (ver
    Guia de Pedidos não Violentos)

    sobre, 22–23

MAE, sessões iniciais

Mal entendidos, sinalizando, 262

Mauborgne, Renée, 286

Medo, como sinal de ambiente
    inseguro na equipe, 11

Meios de comunicação, tipos de, 265

mensagens curtas, 265

Metas, definição de, 60

Microsoft, 242

Missão

    corrigir, 115

    descrevendo a sua, 53

    importância da, 52

    no passe para frente (exemplo), 90,
        94, 98

    no MAE, 51

Mobilizando grupos grandes, 176–177

Modo de planejamento (do MAE), 21.
    88–103

    dicas de profissional para. 102–103

    passe para trás (exemplo), 92–93.
        96–97, 100–101

    passe para trás em, 88

    passe para frente (exemplo), 90–91,
        94–95, 98–99

    passe para frente em, 88

Modo de compartilhamento de
    relacionamentos, 276–277

Modos de comportamento

    alinhados para negócios de família,
        280, 281

    cruzar, 278–279

    sobre, 276–277

Modos de relacionamentos não
    alinhados, 278–279

Monitoramento (no mural Kanban), 160

Motivação, 247

Mural, 164

Mútuo, entendimento, 260–261

N

Nadella, Satya, 242

Necessidades:

inventário de, 251

satisfazendo, 250, 251

sociais, 284–285

Negociação

em equipes multidisciplinares, 179

de recursos, 180–181

equipe a equipe, 181

O

Objetivo, defininção do, 60

Objetivos conjuntos, 54–61

analisando, no Modo de Avaliação, 113

definindo, 58–59

definindo no local de trabalho, 50–51

exemplos, 60–61

negociando e alocando recursos para, 180

no passe para a frente (exemplo), 90, 94, 98

Online, avaliações, 184–185

Online, ferramenta, 166

Online, murais, 164, 184–185

Online, pesquisas, 164, 184–185

ORC (objetivos e resultados–chave), 61

Orçamento, 140

para gestão de riscos em projetos, 162–163

para trabalho multidisciplinar, 179

Organizacional, alinhamento, 172–189

avaliando prontidão para iniciativa estratégica, 183–187

dicas de profissional para, 188–189

em equipes multidisciplinares, 178–179

empoderando equipes para, 174–175

engajando grandes grupos para, 176–177

negociando e alocando recursos para, 180–189

usando processos e ferramentas estratégicas para, 182–183

P

Papel, avaliações no, 185

Paradoxo pré–nupcial, 201

Passe para frente

em reuniões de empoderamento, 175

exemplo, 90–91, 94–95, 98–99

no trabalho multidisciplinar, 179

para negociação de recursos, 180–181

sobre, 88–89

Passe para trás

prontidão, 117

Refletir (etapa 2), 110–113

resolução de problemas, 117

Revelar (etapa 1), 108–109

sessões de MAE em, 154

sobre, 153

sobre, 88–89

Pedidos não violentos, 240–247

Percepção no Localizador de Fatos, 210

Percepção, falhas de, 140

Período(s)

corrigir, 115

definindo o, 52–53

no MAE, 51

no passe para frente (exemplo). 90, 98

Pesquisa, falha em, 203

Pesquisas online, 164, 184–185

Pigneurs, Yves, x

Pinker, Steven, xi, 284

Polidez, 234, 284–285

Polidez (Brown e Levinson), 284

Polidez, excesso de, 235

Pôsteres, 265

Preveníveis, falhas, 203

Privado, conhecimento, 261

Processo de denominador comum, 262–263

Processo justo, 286–287

Projetos, 150–167

Projeto, escopo do, 167

alinhando equipes divididas em, 164–165

começando com o pé direito com, 152–153

dicas de profissional para, 166–167

mantendo alinhamento total, 154–157

reduzir riscos em, 162–163

usar mural Kanban para monitorar tarefas em, 158–161

Prontidão, Avaliação de, 117

R

Raias de natação para mural Kanban, 160

Reciprocidade, modo de relacionamentos, 276–277

Recursos

alocando, 180–181

Recursos conjuntos, 70–77

analisando no Modo de Avaliação, 113

definindo, 74–75

definindo, no local de trabalho, 50–51

exemplos, 76–77

no passe para frente (exemplo), 91, 95, 99

no passe para trás (exemplo), 92, 96, 100

Refletir (Etapa 2 do Modo de Avaliação), 110–113
- com iniciativas estratégicas, 187
- exemplo, 119
- para reuniões (exemplo), 143

Regras e procedimentos, 247

Relacionamentos, 276–281
- cruzando modos de, 278–279
- modos de comportamento para, 276–277
- e negócios de família, 280–281
- indesejados, 249

Resolução de problemas, avaliações de, 117

Respeito
- como usar o, 232–233
- expressando, 228–229
- necessidade de, 284

Respeito, Cartão do, 224–235
- dicas de profissional, 234–235
- expressando respeito com, 228–229
- modelo, 294
- sobre, 22–23, 226–227
- valorizando os outros no, 230–231

Retardatários, gerindo, 145

Reuniões, participação, 246

Reuniões, 132–145
- atualização. 145
- aumentando engajamento da equipe em, 136–145
- aumentando o impacto das, 138–139
- dicas de profissional para, 144–145
- focando equipes em, 134–135
- MAE semanal, 156–157
- Modo de Avaliação para, 142–143
- timebox, 134

tomando decisões com base em informações em, 140–141

Revelar (Etapa 1 do Modo de Avaliação), 108–109
- com iniciativas estratégicas, 186
- exemplo, 118
- para reuniões (exemplo), 142

Riscos
- exposição a, 82
- gestão de, em projetos, 162–163
- gestão de riscos profissional, 82
- identificação de em reuniões, 145

Riscos conjuntos, 78–85
- analisando no Modo de Avaliação, 113
- definindo, 82–83
- definindo, no local de trabalho, 50–51
- exemplos, 84–85

no passe para frente (exemplo, 91, 95, 99

no passe para trás (exemplo) 93, 97, 101

Ritual de Comprometimento Conjunto, 66

Rosenberg, Marshall, xi, 242, 250

S

Sarcasmo, 234

Segurança

avaliando, 270–271

confiança vs., 272–273

definindo, 268–269

e quebras do Contrato da Equipe, 200

impacto na equipe devido à, 18–19

por Contratos da Equipe. 190

segurança psicológica, 15

usando complementos para criar, 22–23

Shelling, Thomas, 61

Sincronizada, comunicação. 264

SMART, definição de objetivos, 61

Sociais, necessidades, 284–285

Spam, em endereço, 265

Spotify, 174

Stakeholders, gerindo ausentes, 145

Subequipes, 176

Sucesso, critérios de, 167

Suposições, 210, 213, 214

T

Telefônicas, conversas, 265

Temas delicados, 234

Terceiros em gestão de conflitos, 248

Timebox, reuniões

Trabalho atrasado, 246

Trabalho, excesso de, 246

Trabalho, local de, 50–51

Trabalho repetitivo, alto volume de, 203

Transformação, iniciativas de, 188–189

U

Universidade da Califórnia, x

Universidade de Stanford, x

Usuários, definição de histórias, 61

V

Validação da equipe

   na etapa Corrigir do Modo de Avaliação, 115

   no passe para trás (exemplo) 93, 97, 101

Validação em reuniões de empoderamento, 175

Valorizando os outros, 230–231

Verificações rápidas, 157

Vídeo, conversas de, 164, 265

VUCA (Volatilidade, Incerteza, Complexidade e Ambiguidade)

W

Waterfall, projetos

   alinhamento dm, 155

   sessões MAE em, 154

   sobre, 153

Z

Zona de ansiedade, 269

Zona de apatia, 269

Zona de aprendizado, 269

Zona de conforto, 269

Agradecimentos

Equipe do Livro

Este livro é o resultado de uma longa jornada que envolveu muitas pessoas e equipes que nos ajudaram a desenhar, experimentar, testar e aprimorar as ferramentas e, finalmente, desenhar o conteúdo. Agradecemos a todos pelas contribuições individuais e paciência durante nossos intermináveis workshops, pesquisas repetidas e rodadas de perguntas nem sempre tão interessantes.

Primeiro, agradecemos aos milhares de primeiros seguidores que usaram alguns de nossos primeiros conceitos e contribuíram para a evolução e aperfeiçoamento das ideias apresentadas aqui.

Agradecemos a Stéphanie Missonier, Hazbi Avdiji, Yves Pigneur, Françoise Kourilsky, Adrian Bangerter e Pierre Dillenbourg pelo trabalho acadêmico inicial e sua contribuição única ao fundamento conceitual das ferramentas. Agradecemos a muitos ótimos profissionais de campo: Alain Giannattasio, Thomas Steiner, Yasmine Made, Renaud Litré, Antonio Carriero, Ferrando Yepez, Jamie Jenkins, Gigi Lai, David Bland, Ivan Torreblanca, Sumayah Aljasem, Jose--Carlos Barbara, Eva Sandner, Koffi Kragba e Julia van Graas por experimentar e ajudar a melhorar nossos primeiros protótipos e o manuscrito. Somos gratos a Pierre Sindelar, Tony Vogt, Monica Wagen e Pascal Antoine por apaixonadamente desafiar nossas ideias e descobertas, e a David Carrol por seu grande apoio quando enfrentamos dificuldades com o título.

Estamos em dívida com nossos ilustradores, Bernard Granger e Séverine Assous, pela dedicação e beleza de seu trabalho artístico, com um agradecimento especial a Louise Ducatillon, que ajudou a iniciar essa colaboração artística, e a Trish Papadakos e Chris White, pelo impressionante projeto gráfico que realizaram. Somos gratos à nossa editora, Wiley, principalmente a Richard Narramore, Victoria Annlo e Vicki Adang pela orientação e pelas melhorias feitas no manuscrito. Também agradecemos a todos os ótimos colaboradores da Strategyzer: Tom Philip, Jonas Baer, Federico Galindo, Przemek Kowalczyk, Mathias Maisberger, Kavi Guppta, Franziska Beeler, Niki Kotsonis, Jerry Steele, Tanja Oberst, Shamira Miller, Pawet Sulkowski, Aleksandra Czaplicka, Jon Friis, Frederic Etiemble, Matt Woodward, Silke Simons, Daniela Leutwyler, Gabriel Roy, Dave Thomas, Natlie Loots, Piotr Pawlik, Jana Stevanovic, Tendayi Viki, Janice Gallen, Andrew Martiniello, Lee Hockin, Laine McGarragle, Andrew Maffi e Lucy Luo.

Finalmente, o livro não seria o que é sem Honora Ducatillon, que incansavelmente desafiou, comentou e encorajou cada etapa do processo de edição.

— Stefano, Alex e Alan

Equipe do Livro

Autor Principal
Stefano Mastrogiacomo

Stefano Mastrogiacomo é consultor de gestão, professor e autor. Ele é apaixonado por coordenação humana e é o designer do Mapa de Alinhamento de Equipes, do Contrato da Equipe, do Localizador de Fatos e das outras ferramentas apresentadas neste livro. Ele lidera projetos digitais e orienta equipes de projetos em organizações internacionais há mais de 20 anos, ao mesmo tempo em que leciona e faz pesquisas na Universidade de Lausanne, Suíça. Seu trabalho interdisciplinar está ancorado em gestão de projetos, gestão de mudanças, psicolinguística, antropologia evolucionária e design thinking.

teamalignment.co

Autor
Alex Osterwalder

Alex é autor de sucesso, empresário e palestrante cujo trabalho mudou a forma que empresas estabelecidas fazem negócios e como novos empreendimentos são iniciados. Número 4 entre os 50 maiores pensadores de gestão do mundo, Alex também recebeu o Thinkers50 Strategy Award. Com Yves Pigneur, ele inventou o Business Model Canvas, o Value Proposition Canvas e o Business Portfolio Map — ferramentas práticas adotadas por milhões de empresários.

@AlexOsterwalder
strategyzer.com/blog

Chefe de Criação
Alan Smith

Alan usa sua curiosidade e criatividade para fazer perguntas e transformar as respostas em ferramentas visuais simples e práticas. Ele acredita que as ferramentas certas dão confiança às pessoas para mirar alto e construir grandes coisas significativas. Ele é cofundador da Strategyzer, com Alex Osterwalder, onde trabalha com uma equipe inspirada para criar ótimos produtos. Os livros, ferramentas e serviços da Strategyzer são usados por empresas renomadas em todo o mundo.

strategyzer.com

Designer-chefe
Trish Papadakos

Trish tem mestrado em design pela Central St. Martins, de Londres, e é graduada em design pelo York Sheridan Joint Program, de Toronto.

Ela lecionou design em sua *alma mater*, trabalhou com agências premiadas, lançou vários negócios e colabora pela sétima vez com a equipe da Strategyzer.

Designer
Chris White

Chris é um designer multidisciplinar que mora em Toronto. Ele trabalha em várias publicações de negócios, em diversas funções, mas atualmente é assistente de diretor de arte da *Globe and Mail*, focado em design de apresentação para histórias impressas e online.

Ilustradora
Severine Assous

Severine é uma ilustradora francesa que mora em Paris e trabalha principalmente em livros infantis, publicações e propaganda. Seus desenhos enfeitam as páginas do livro.

Ilustrador
Blexbolex

Bernard Granger (Blexbolex) é ilustrador, cartunista e ganhador do Golden Letter Award de 2009 de melhor design em livro do mundo. Ele criou a imagem para a capa do livro e também para várias páginas com desenhos divertidos sobre a cultura empresarial contemporânea.

illustrissimo.fr

A Strategyzer usa a melhor tecnologia e coaching para apoiar seus desafios de transformação e crescimento.

Descubra o que podemos fazer para você em Strategyzer.com

Crie Crescimento Repetidamente

Sistematize e escale seus esforços de crescimento, crie uma cultura inovadora e amplie seu pipeline de ideias e projetos com o Strategyzer Growth Portfolio.

A Strategyzer é líder global em serviços de crescimento e inovação. Ajudamos empresas de todo o mundo a construir novos mecanismos de crescimento baseados em nossa metodologia comprovada e serviços viabilizados por tecnologia.

Crie Mudança em Escala

Construa habilidades de negócios avançadas em escala com a Strategyzer Academy e coaching online.

A Strategyzer se orgulha de desenhar as ferramentas de negócios mais simples e aplicáveis. Ajudamos os profissionais a se centrarem mais nos clientes, desenhar propostas de valor excelentes, encontrar melhores modelos de negócios e alinhar equipes.

Projetos corporativos e edições personalizadas
dentro da sua estratégia de negócio. Já pensou nisso?

Coordenação de Eventos
Viviane Paiva
viviane@altabooks.com.br

Assistente Comercial
Fillipe Amorim
vendas.corporativas@altabooks.com.br

A Alta Books tem criado experiências incríveis no meio corporativo. Com a crescente implementação da educação corporativa nas empresas, o livro entra como uma importante fonte de conhecimento. Com atendimento personalizado, conseguimos identificar as principais necessidades, e criar uma seleção de livros que podem ser utilizados de diversas maneiras, como por exemplo, para fortalecer relacionamento com suas equipes/ seus clientes. Você já utilizou o livro para alguma ação estratégica na sua empresa?

Entre em contato com nosso time para entender melhor as possibilidades de personalização e incentivo ao desenvolvimento pessoal e profissional.

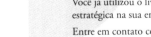

CONHEÇA OUTROS LIVROS DA **ALTA BOOKS**

Todas as imagens são meramente ilustrativas.

PUBLIQUE **SEU LIVRO**

Publique seu livro com a Alta Books. Para mais informações envie um e-mail para: autoria@altabooks.com.br

 /altabooks   /alta-books
 /altabooks  /altabooks